雄踞北方的契丹

飞出老哈河的海东健鹘

承天 著

中国国际广播出版社

图书在版编目（CIP）数据

雄踞北方的契丹——飞出老哈河的海东健鹘 / 承天著. —北京：中国国际广播出版社，2021.8（2023.6重印）

（消失的帝国）

ISBN 978-7-5078-4953-0

Ⅰ.①雄… Ⅱ.①承… Ⅲ.①契丹－民族历史－通俗读物 Ⅳ.①K289-49

中国版本图书馆CIP数据核字（2021）第164029号

雄踞北方的契丹——飞出老哈河的海东健鹘

著　者	承　天	
责任编辑	张博文　张娟平	
校　对	张　娜	
设　计	GF Design Studio	

出版发行	中国国际广播出版社有限公司 ［010-89508207（传真）］
社　址	北京市丰台区榴乡路88号石榴中心2号楼1701
	邮编：100079
印　刷	环球东方（北京）印务有限公司

开　本	710×1000　1/16
字　数	160千字
印　张	15.5
版　次	2021 年 10 月 北京第一版
印　次	2023 年 6 月 第二次印刷
定　价	38.00 元

目　录

上 部
缺乏耐性的代价——迟到 500 年的帝国开基　31

中　部
两个女人一台戏——从中兴到盛世的契丹帝国　　109

下 部
长堤蚁穴——从内部垮掉的帝国

第十章　庸主佞臣交相映——疲态尽显的老大
　　　　帝国

第十一章　没有赢家的"海上之盟"——轰然
　　　　　崩塌的帝国大厦

追寻 900 年前远逝的契丹民族

1922 年 6 月 21 日，在辽阔的漠南草原上，来了一个金发碧眼的"怪人"。这个叫科尔文的比利时人对健马肥羊不感兴趣，对长发美女不屑一顾，偏偏把目光盯在一座被盗掘一空的古墓上，如醉如痴。是什么东西有如此之魔力？是一块碑，一块刻满了神秘文字的石碑。

有人断言，这些让科尔文着迷的"天书"就是早已被岁月掩埋的契丹文字！由此，一个久已消失的帝国，一段沉睡千载的历史被人们重新记起。

契丹，一个剽悍的民族，在《魏书》中第一次出现于人们的视野：公元916年建立起庞大帝国，雄踞中国北方；公元12世纪远走他乡，在伊朗高原建立最后一个政权——起儿漫王朝。随后，在黄沙弥漫的异国他乡悄无声息地淡出了人们的视野。一个强大的民族，竟如过眼烟云般在天边的地平线上消失得无影无踪！

契丹，一个900年前远逝的民族，像她们的文字一样神秘、遥远……

第一章
不要问我从哪里来——契丹民族的来源之谜

"契丹"译成汉语是"镔铁"。顾名思义，这是个有着钢铁般意志的民族。她曾经叱咤蒙古草原前后长达 800 年。由其建立的契丹帝国长期控扼丝绸古道，以致亚欧大陆中西部的国家误认为整个中国都在其治下，"契丹"因此成为中国的代名词。

公元 388 年，北魏道武帝北征，战火一直烧到了西拉木伦河畔，居住在这里的契丹人被迫溃散逃亡。这次战争使契丹第一次进入书史者的视野。而在此之前，这个被阿拉伯人和欧洲人视为全中国统治者的民族竟然对本民族形成、发展的漫长历史没有留下任何记载。

在泱泱中华实现伟大复兴之际，我们追溯历史、缅怀先人，不禁要问：契丹，你们究竟从哪里来？又到哪里去了呢？

木叶山下的青牛白马：契丹族的起源传说

相传，商朝人的始祖契，是其母吞食玄鸟卵而生。

相传，吐蕃人，是神猴与岩山魔女的后代。

相传，突厥人的君王阿史那，是母狼与匈奴人的儿子。

……

但凡在人类历史上存在的已知民族，几乎都有着传奇般的起源。经过世世代代的口耳相传，融入了每个族人的血液，成为这个民族最重要的精神信仰。

在中国历史上，有着不平凡作用的契丹族也不例外，他们同样拥有一个美丽而古老的起源传说。

在我国的东北部，流淌着两条重要的河流，一条是发源于医巫闾山的土河（今老哈河），一条是从大兴安岭南端奔腾而出的潢河（今西拉木伦河）。两河从高山倾泻而出，一路奔腾，流至平地，逐渐舒缓下来，最终在木叶山汇合为一，共同孕育了一片水草丰美的绿色草原。

很久很久以前……

一位骑着雄健白马、云游四方的神人行至此处，被眼前这片莽莽草原所吸引，他松开缰绳，信马由缰，沿土河从上游顺河东行。

一位久居深宫的天女，耐不住高处不胜寒的寂寞，决定降临人间。她坐上青牛车，从"平地松林"沿潢水顺流而下，欣赏人间美景。

一路陶醉的神人与天女，在两河汇合的木叶山，出现在彼此的视线中，美景、佳人……二人一见钟情，于是结为夫妻，放开马缰，卸下牛车，就在这片山前草原上定居下来。神人和天女共生育了八个儿子，这八个孩子各自繁衍，最终壮大成为契丹的八个部落。

神人与天女的相遇，青牛与白马的传说，最初是在契丹族内口耳相传的，后来被整理成文字并保留了下来。契丹族人对此深信不疑。每有军事活动或是春秋的祭祀，必用白马青牛作祭品，以此表达对祖先的敬意。辽太祖阿保机建国后，还在木叶山上修建了始祖庙，"奇首可汗（传说中的神人）在南庙，可敦（天女）在北庙，绘塑二圣并八子神像"，每年按时供奉；而在战争之前，契丹人也必定在这里祭告祖先，祈求保佑。

在这座神圣的始祖庙里，奇首可汗、可敦并立其中，同享祭祀，可见在契丹人的心目中，神人和天女是同样崇高而神圣的。细细体验契丹社会中的点点滴滴，不难发现女性有着较高的社会地位，可以说，契丹社会保留了很多母系氏族社会的痕迹。在我们之后了解到的契丹历史上，我们会发现这样一个现象，整个契丹王朝兴衰成败的每一个关键时刻，都会有女人在其中扮演着重要的角色。终辽一世，契丹女子们有着广阔的发挥空间，来展示和证明自己的才能，在历史上留下瑰丽的印记。

木叶山对契丹人来说是神秘而神圣的。他们除了在始祖庙举行盛大的祭祖活动外，还在山上定期举行另外一项大型的祭祀活动，那就是祭拜木叶山神。"辽国以祭山为大礼"，我们在《辽史》卷四九《礼志》中所看到的祭山仪式隆重而繁缛，据说该仪式由遥辇胡刺可汗创制。祭山的同时，契丹人还要祭拜天神、地祇及辽河（潢河）神。

可以说，神人和天女邂逅的木叶山，不但是契丹族的龙兴之地，更是族人与神灵沟通以祈求庇护的重要场所。这个留住神人天女、养育契丹祖先、庇护族人的伟大地方，到底在哪里？这个问题成了一个不解之谜，引发无数想象。时至今日，众多研究历史、考古和历史地理的学者还在为找到木叶山真正的位置而不懈努力着。

为什么会有这样的争议？木叶山在老哈河、西拉木伦河相会之处，传说中不是已经言之凿凿了吗？

如果我们到两河交汇处去看一看，那么答案就不言而喻了。两河相遇之处，在内蒙古自治区通辽市内，是我们今天叫作科尔沁沙地的地方。在成为沙地之前，这里确实有一片水草丰美的草原，清朝历史上赫赫有名的蒙古科尔沁部的庄妃就成长在这片美丽的草原上。随着环境的恶化，昔日的绿草渐渐被黄沙吞噬，尽管植被发生了变化，可是从古至今这里都是片一望无垠的广阔天地，放眼望去，无遮无拦直达天边，哪里有山的影子？难道木叶山在一夜之间，被神仙搬走了？

有人想到了在文献中寻找另外的记载。可是，《辽史·地理志》对辽境内的名山大川著录颇多，却偏偏对木叶山这一辽代的神圣之山含糊其词。显然，在元代编著《辽史》的时候，这座神山的位置已经无人知晓了。无奈之下，人们开始寻找能确定木叶山位置的间接证据。《辽史》记载，辽太祖耶律阿保机建国之初，为了表达对祖先的崇敬，曾经在木叶山上修建始祖庙，以供祭祀。据记载，始祖庙的位置在当时的永州境内。于是，有学者根据永州的地望，推论木叶山就是西拉木伦河与少冷河汇流处的海金山（今属翁牛特旗白音他拉乡）。可是，少冷河毕竟不是传说中的老哈河，难道是契丹人代代口耳相传，在哪一代的时候传错了？契丹人连自己的发祥地都搞混了，这实在是个让人不愿接受的事实。于是，人们继续"上穷碧落下黄泉"地寻找木叶山的踪迹。

还有什么理由可以解释木叶山的消失？还有什么方法能帮助我们找到那座契丹人心目中的圣山呢？

于是，又有学者声称在阿鲁科尔沁旗南面找到了木叶山，它就是今天叫作天山的山峰。站在这座山前，你也许会问，这里既没有老哈河，也没有西拉木伦河，更谈不上什么两河交汇了，怎么会是木叶山？研究者是这样解释这个问题的，山还是旧时那座山；而水，已经不再是当时那两条水了。换言之，从传说到现在，世事变迁，转眼已经千年过去了，就像黄河不断改道一样，当年土河和潢河的水道也发生了很大的改变。所以，当年那两河交汇的木叶山，也应该在故道上去寻找。而天山，就是研究者寻找的结果。

宋人别有用心的匈奴说：人种复杂的鲜卑余部

历史学家解释说：中原王朝在记录契丹时，由于缺乏实际的证据，对它的来源根据自己的理解进行了推测和演绎，使得我们今天在认识这个问题时，会找到不同的答案。

一说是契丹属东胡族系，源出鲜卑，是由宇文鲜卑的一支发展起来的。在东晋时期，东北的鲜卑分化成慕容、宇文和段氏三部，其中慕容氏发展最快，并先后灭掉了段氏和宇文氏，成为一方霸主。而被打败的宇文氏族人，大部分逃亡漠北，还有少量残部，分化成了契丹和奚，居于松漠之间。开始时契丹和奚还互帮互助，共同发展。公元388年，北魏道武帝北征，战火一直烧到了西拉木伦河，奚和契丹相继逃亡。从此，同源的两族分离开来，走上了各自不同的发展道路。

还有一种说法，认为契丹是"匈奴之种"。根据记载，在公元89—105年（东汉和帝永元年间），匈奴被汉军击败，北单于率大部分族人被迫西走。正是匈奴人的这次西迁，带来了整个欧洲大陆的人口流动，间接导致了罗马帝国的崩溃。而当时，尚有十万余匈奴人留在故地，当继之强大起来的鲜卑人进据匈奴故地时，这部分匈奴人改名换姓，自号鲜卑，融入鲜卑族群中。此后，在与原东胡种的鲜卑人长期错居杂处中，由于相互通婚等影响，差别越来越不明显。而宇文鲜卑，就是这支匈奴人的后裔。来源于宇文鲜卑的契丹人，自然也就是"匈奴之种"。

第三种观点认为契丹是炎黄之后。《辽史·世系》称鲜卑宇文部为炎帝之后，如果认为契丹是宇文余种，则自然为炎帝之裔。但《世表》又称"耶律俨称辽为轩辕后"，也就是说，在辽代时，认为契丹源于古契国，也就是商代始祖契最初的封国，契为黄帝之裔，则契丹自然为黄帝轩辕氏之后无疑。所以，契丹是炎黄子孙。

综合上述史家观点，基本都肯定了契丹是来源于鲜卑宇文部的。根本分歧在于宇文部的来源。契丹来源于鲜卑或鲜卑宇文部，出自当时人和稍后的唐人之笔，这种说法的可信性是最高的。

认为契丹为"匈奴之种"，则是数百年后宋人的说法。当然，鲜卑族的成分很庞杂，其中确实有不少来自匈奴的"余种"，宇文部更是如此。但在此之后，在与原东胡种的鲜卑人长期错居杂处中，匈奴与鲜卑的差别越来越不明显，把契丹人仍看作"匈奴之种"，似乎略显牵强。何况民族不是血缘集团，它在形成过程中虽有一个主源，但总体上是多源多流的。至于契丹是炎黄后裔，我们看到的是《辽史》记辽时人的说法。无论是宋人说契丹是"匈奴之种"，还是契丹自认为是"轩辕后"，应该都是出于各自不同的政治目的吧。

科学家说：契丹源于鲜卑

随着现代科技的发展，考古学、遗传学的学科发展，给我们了解历史提供了更多的途径。DNA 实验室的工作人员，曾从墓葬中出土的契丹、鲜卑和匈奴人骨中，提取 DNA 样本进行对比研究，以期解开契丹族源之谜。为了保证数据的可靠，研究人员选择的多是比较明确的契丹族人骨标本。

例如，其中一例标本取自耶律羽之墓，该墓的发现曾经轰动一时，并被评为当年的全国考古十大发现。耶律羽之也是辽代历史上一个重要的人物，曾经做过东丹国的左相，当人们发现墓主人竟然在《辽史》有传时，曾兴奋不已。

又如萧和家族墓。这片墓地在辽宁阜新关山种畜场，所以又叫关山辽墓。这片墓地一共被发现九座墓，经出土的墓志证实，这些墓的主人竟然就是在辽代中晚期历史上最为显赫的萧氏后族。这个家族中曾经出过 6 个皇后、5 个王妃，有 15 人先后出任宰相，而被封王的达 14 人。当墓门被打开，那些奢华的随葬品、精雕细琢的壁画吸引了我们的眼球，而当意识到那些面具之下的面孔，竟然是千年前翻手为云、覆手为雨的人物时，这个认知更足以震撼我们的心灵。

但是，最有名的一例标本，是图尔基山辽墓中的那位美女。这位美女栖身于一具精美的柏木"凤棺"中，这个凤棺里有绘画、贴金、木雕、铜铸，再加上彩绘，精美绝伦堪称稀世珍品。相较之下，棺外那些罕见的金银器物、玻璃杯、丝织品，就显得黯然失色了许多。能用如此华贵葬具的人，应该是个具有极高身份的人吧！可令人疑惑不解的是，墓室中似乎应有尽有，却独独缺了一个最重要的东西——墓志。按照辽代的惯例，贵族下葬，必然会有墓志随之下葬的，为什么这位美女没有，她究竟是谁？考古人员激动的心情还未平复，当棺木打开后，更大的惊奇又大大地考验了在场人的心脏承受力。

棺内的美女乌发如丝、衣着华丽，却面色铁黑。在继续的清理中，人们竟然在棺内发现了滚动的水银！太多的疑点无法解释，因此，考古人员对这位美女进行了更加详细的研究。经过化验，美女的胸腔里也含有大量的水银，而头发中的水银含量更是高出正常人几十倍。难道这位图尔基山美女不是自然死亡，而是自杀或是他杀？谜团引发人们的继续探究，甚至还复原了这位美女生前的容貌。但是，当这位美女的真容于千年之后重现时，每每看着她的面容，人们便更有了探究她身世之谜的意愿。于是研究人员也取了她的人骨标本来做 DNA 分析，当然因为水银的原因，这个标本也是黑色的。

通过广泛取证、详细对比，结果表明，契丹人的 DNA 有着较为复杂的混血性质，耶律羽之和萧和两组分别属于皇族和后族，而图尔基山的那位美女，也是契丹的贵族，只是更加具体的身份还没有办法确定。但是就三组 DNA 标本的对比关系看，契丹和鲜卑人种的遗传距离相对较近，可以认为是有明显承继关系的民族。科技印证了相关历史记载的正确性，有力地支持了契丹源于鲜卑的说法。

妖魔化的祖先：荒诞传说的另类解读

《契丹国志》中，记录了三个契丹族领袖的传说：

> 后有一主，号遒呵，此主特一骷髅，在穹庐中覆之以毡，人不得见。国人有大事，则杀白马灰牛以祭，始变人形，出视

事，已，即入穹庐，复为骷髅。因国人窃视之，失其所在。复有一主，号曰喝呵，戴野猪头，披猪皮，居穹庐中，有事则出，退复隐入穹庐如故。后因其妻窃其猪皮，遂失其夫，莫知所如。次复一主，号曰昼里昏呵，惟养羊二十口，日食十九，留其一焉，次日复有二十口，日如之。是三主者，皆有治国之能名，余无足称焉。

如果从字面上来理解这段记载，应该是这样的：

契丹族中曾经有一个名字叫遒呵的领袖，这个领袖是一个骷髅的形象，平时待在帐篷里，还用毡子把自己严严地盖住，所以族人没有办法看到他真正的样子。如果族里发生重大的事情，族人就用白马和青牛作为祭品祈祷。这位领袖听到祈祷，才会变成人的样子，出来为族人解决问题，事情一结束，遒呵就会丝毫不做停留，马上回到帐篷中，恢复成骷髅的样子。有个族人按捺不住自己的好奇心，偷偷地去窥视遒呵的长相，这个族长就此消失，再不能帮助族人解决任何问题了。过了一段时间，部族中又出现了一个领袖，名字叫作喝呵。这位族长戴着野猪头，身上也披着猪皮，平时就待在帐篷里面，族里有事情的时候才肯出现，而事情解决后又马上回到帐篷里了。后来，这位族长因为被妻子偷走了猪皮而从此消失，没有人知道他去了哪里。还有另一个伟大的族长，名字叫昼里昏呵。这位族长只养了二十只羊供族人们吃，每天吃掉十九只，而留下的一只，到了第二天就会又变成二十只，如此日复一日。这三

12

个族长，都是治理国家的能人，而其他的族长们都没有办法同这三个人相提并论。

这个看起来荒诞不经的记载，实际上却记录着这个民族漫长而艰辛的成长历史。传说中的主人公，可以看成是一些历史阶段的人格化。如果用我们能够理解的方式对这个传说加以解读，那么故事是这样的：

在刚刚被慕容氏打败，流窜于松漠之间时，契丹先民们的生活十分艰苦，有限的资源无法养活所有成员。在生产力极其落后的情况下，适当地减少人口，是当时族群唯一的出路。于是，饿死冻死是常常发生的事情，骷髅成了那个时期的一个特征。而当部族遇到重大问题的时候，祭祀是人们唯一能做的事情。

后来，随着契丹人狩猎技术和经验的增加，已经开始能够捕杀野猪这样的大型动物，食其肉，衣其皮，这些野兽成为族人们主要的衣食来源，人们的生活条件也就有了相应的改善。但是，这种食物来源并不是十分稳定的。一旦他们由于某种原因无法获得食物，他们就会无所依托。在这一阶段，"族长"已经不必通过祭祀，而是主动地出现解决族中的问题了。另外，需要注意的是，在这个阶段，契丹人已经开始了家庭组织，有了"妻"与"夫"的概念。

又过了很多年，契丹人慢慢意识到单纯地靠天吃饭，只是狩猎采集，无法长久地维系整个部族的生存与发展。在不断的实践中，他们开始学会了把捕获的野兽驯养起来，有了初步的畜牧业。最初作为驯养对象的，是杀伤力比较小的动物，比如羊。畜牧业的出现，使得契丹社会的经济开始稳定了下来。

契丹族出现在古史记载中是在公元 4 世纪，那时，他们正处在古八部时期。当时他们分布在辽河流域。狩猎是当时契丹人的主要生计方式。他们游牧狩猎，过着以肉为食、以皮为衣的生活。这种状况一直延续到大贺氏部落联盟形成时。根据历史记载，在北魏时期，契丹进贡的宝物是"名马"，嫁娶时穿的最好的衣服是"以青毡为上服"；到了隋代，契丹人在收葬父母遗骨祝酒时说"冬月时，向阳食，若我射猎时，使我多得猪鹿"，可见各部还是"随水草畜牧"。此外，在典籍中不断出现契丹"逐猎往来，居无常处""射猎，居处无常"一类的记载。这一时期契丹人的社会组织，是以八个部落为单位各自活动，他们之间尚未形成统一的部落联盟。

第二章
长城内外百花香——奠定北中国版图的草原新主

大约在公元前 3 世纪，蒙古草原的第一个主人——匈奴，以异乎寻常的速度向南方汉地乃至西方世界发起猛烈冲击。继之而起的鲜卑、柔然、突厥，给人留下的印象依旧是狼性十足，略输文采。契丹帝国则不同，它迅速找到了与其他民族和平相处、共同发展的方法，创造了令汉人自愧弗如的"一国两制"。北宋王朝到灭亡那一天也没想明白，幽云十六州（也称燕云十六州）的汉民干吗对契丹人忠心耿耿，对同文同宗同种的自己视如寇仇？

没有话语权的尴尬：一个被忽视和扭曲的政权

很多研究世界史的学者认为，契丹帝国是亚洲历史上最为浓重的一笔。据说，哥伦布的出海航行，就是为了寻找他仰慕已久的契丹帝国，然而他并不知道，当时契丹帝国已经灭亡，甚至连契丹民族也消失得不知所踪了。也许是上天眷顾这个执着的人，才把他带到了美洲新大陆，"失之东隅，收之桑榆"，也算是一种弥补吧。只是实在难以想象，部分欧洲和阿拉伯人直到 13 世纪，仍把中国称为契丹（Cathay）。直到现在，俄文和拉丁文中，还把"契丹"（Китай）作为对中国或中国人的通称。

但在国内，大多数人对于契丹的印象，都来源于一些脍炙人口的文学作品：《杨家将》中残暴诡谲、率军打仗的萧太后，《水浒全传》中被梁山好汉打得落花流水的契丹狼主，《天龙八部》中把人当野兽一样残杀的大辽皇帝……这些文学作品中所展现出的契丹，不仅是一个野蛮、落后的民族，其所建立的帝国也是一个敌对、残暴的存在，并且是不堪一击的，甚至契丹帝国最终的下场也是被北宋迫降或灭亡。这些违背历史真实的作品却拥有大批读者，数百年来影响了一代又一代的中国人。

和汉文化相比，契丹文化显然落后许多，文学领域的话语权因此拱手让出。时至今日，很多人仍然不知道，契丹民族及其建立起来的帝国有什么值得被提及和重视的。可以说，在中国历史上，契丹是个被遗忘，或者说是被刻意忽视和扭曲的政权。

另一个北朝：北中国版图的奠定者

公元916年，契丹贵族耶律阿保机于唐亡后的乱世中建立起契丹帝国，其子耶律德光曾一度改国号为辽，故而契丹帝国也称辽国。从阿保机建国至天祚帝被女真所建立起来的金国推翻，部分契丹民众西走中亚建立西辽，契丹帝国共传九世。

契丹帝国的疆域，以今天内蒙古赤峰地区为中心，雄跨长城内外。极盛时的版图：北至色楞格河流域，南至河北中部和山西北部，西至阿尔泰山以西，东临大海，东北到外兴安岭和鄂霍次克海。契丹建国半个世纪之后，被尊为"正统"的北宋王朝才在其南方诞生，所控制的领土面积还不及契丹的一半。

可以说，历史上真实的契丹帝国，绝不是一个渺小而残暴的存在，它疆域辽阔，民族众多，是隋唐之后中国历史上的另一个"北朝"，一个强大的帝国。它对我国北部、东北部的有效开发，以及对我们统一的、多民族国家的历史发展，都起过巨大的作用。

如果说，现在中国的版图是在清帝国时最后确定下来的，那么，可以肯定的是，我国北方和东北这部分轮廓，是由契丹帝国勾画出来的。在我国的北方和东北地区，生活着许多民族。他们在这里游牧、渔猎；他们强壮彪悍、各自为政；他们逐水草而居、流动性很大。尽管曾经有匈奴、突厥这样的强大帝国崛起，却都未能真正统一过这片广袤的草原。可契丹帝国做到了。它通过军事征服，把分散的北方各族先后置于自己的直接统治之下。为了巩固统一，契丹在地方上的行政设施比之前任何一个朝代都要完备：通过设官置府，派遣官吏，大大加强了对北方各族的直接统治。将北方如此广阔的地区统一在一个政权的直接管辖之下，这在中国历史上是第一次，为以后元代多民族国家的大统一奠定了基础。

把长城圈进自家大院：草原与汉地正常交往的新途径

如果契丹只是统一了中国北方，那么她在历史上的地位，就不过是一个地方政权而已，远远不值得如此大书特书，更配不上帝国这个称号。

契丹帝国的真正伟大之处，是在于她开启了"长城内外百花香"的时代。

纵观中国历史，北方的游牧民族大都抵御不住农耕之地散发的沁人馨香的诱惑。他们背起弓箭跨上战马，就着地势的落差，一波又一波地向农耕地带进攻。五胡乱华、蒙元一统……无一不是游牧民族对农耕民族的征服。即使被认为是正统的中原王朝，有的也带着"胡"气。嬴政所在的秦国，在西周初期是被归入戎狄一列的；建立唐王朝的李氏家族，虽以中华民族的"正统大支"自居，却有着明显的鲜卑血统，太宗的长孙皇后，更是正统的鲜卑人。

可以说，在中华民族的文化体系中，包括了两种截然不同的系统：一种是游牧民族带来的草原文明，他们从北方来，借着地势不断南下，为中华民族带来了野草般无尽的生命力，却也弥漫着血雨腥风；另一种是农耕民族开创的定居文明，他们生活在黄河中下游地区，在这里春种秋收，孕育了中华民族的深沉厚重，却也有着不可避免的故步自封。中华民族现在的文化，正是这两种文明不断碰撞、不断磨合的结果。

我们立足现在，回顾历史，得出这样的结论，似乎这种融合是自然而然发生的。其实几千年来，这种融合是艰难且血腥的。农耕民族为了保护自己的劳动果实，修起了长城，小心翼翼地把北方草原与自己隔离开了。自战国时代开始，中原的各个政权就修筑长城，之后秦增汉补，从阴山南部扩到阴山北部，由土坯变成石块，由一条增至两条。然而令人遗憾的是，即使这样，仍然没有阻挡住北方民族的一次次南下。中原政权修筑长城，与其说是保护疆土，还不如说是一种标示性的隔断，意欲昭显与北方"蛮族"的不同。

也正因为如此，长城作为一个标志，将中国的北部草原隔断出两种完全不同的风貌，而游牧与农耕民族之间的拉锯战，就发生在这长城沿线，在契丹以前，长城南侧的农耕经济很容易遭到破坏。而北方草原与中原农业又存在着很大的差别，所以长城向北一直是"封域虽长编户少，隔山才见两三家"（苏颂《过新馆罕见居人》）。

契丹开国，在草地上建立城寨，安置据点，形成新兴的聚落，改变了草原的面貌；另外，由于燕云十六州与草原大漠关在同一个大院子里，长城南侧的农民不用再担心被人劫掠，自然也能安心定居生产，经济也开始稳定地发展。把长城南北大门打通，让经济文化空气流通得更快些，契丹帝国做到了。

以国制治契丹，以汉制待汉人：一国两制的成功尝试

契丹民族是帝国的创建主体，作为民族统帅的耶律阿保机要维护自己民族的利益，是毋庸置疑的。然而，在帝国的统治范围内，还有大量归附的汉族人。这些代表先进生产力、掌握着先进农耕技术的居民，无疑成了国家最主要的税收对象。如何激发这些人的生产积极性，使之为自己的南征北战提供更多的经济支持，成为耶律阿保机必须重视的问题。

但是，契丹民族和汉族之间，无论是生计方式还是风俗习惯，都存在着巨大的差别。契丹人过惯了逐水草而居的生活，认为应该把汉人的耕地统统改为草场；汉人也实在看不惯契丹人没有纲常伦理，舅舅竟然可以娶外甥女的习俗。因差异而产生的矛盾日益突出，无时无刻不在提醒着这位契丹帝国的开国之君，是要做一个单纯的民族领袖，还是要做一个真正的帝国皇帝。

阿保机作为一代开国之君，确实有着卓越的胆识和开阔的胸襟，他在自己的帝国内，本着"因俗而治，得其宜"的原则管辖着各民族。阿保机的这种统治理念，被他的接替者继承，如耶律德光在得到燕云地区之后，建立了两套统治机构、两套办公衙署，即北、南面官。"（北面）以国制治契丹，（南面）以汉制待汉人。"后

来，随着契丹帝国封建化进程的加快，北、南官制有了更加具体的职责范围，即《辽史·百官志》所说的"北面治宫帐、部族、属国之政，南面治汉人州县、租赋、军马之事"，就是说北面官专司管理契丹及其他少数民族事务，并主管契丹军政；南面官则主管契丹民政。

从字面上的意思来看，似乎北、南面官是将帝国分成北、南两个区域，对契丹人和汉人分开进行管理的意思。其实不然，当时契丹帝国的统治者将其命名为北、南面官，是因为"辽俗东向而尚左"。具体地说，就是在东西南北的四个方位中，契丹人认为太阳升起的东方是最高贵神圣的，因此帝国皇帝的宫帐皆坐西朝东。各个官署就分列于宫帐的左、右两侧。与此同时，契丹人又认为左为尊，因此，"以国制治契丹"的官署被安排在了宫帐左侧，即宫帐的北面；那么，"以汉制待汉人"的官署自然就列在了宫帐右侧，即南面。两套官署位于辽帝宫帐的北、南两侧，是北、南官制得名的真正原因。

聪明的契丹人，在官署设置这个问题上，回避了民族的差异和分布地域的不同。这样做，就使其统治区内的民族容易产生对契丹帝国这个统一体的认同感。也正因为有了这种认同感，才使燕云地区的汉族民众，在完颜阿骨打与北宋联合伐辽时，坚决地同契丹民族站在了一起。

这种制度在中国历史上真正起到了民族融合的作用。在其之前，虽然秦皇、汉武创造了我国的鼎盛时代，但他们处理民族关系的核心思想只是"蕃汉对等，保卫汉地"，仅限于"使胡人不敢南下而牧马"。唐朝以"兼包蕃汉，一视同仁"为指导思想，推行了"羁縻府州"政策，在少数民族聚居地区设府、州，册封少数民族首领为节度使实行自治，是民族政策的一大进步。但唐朝这种一反秦汉传统的政策，实践得并不好，最终导致后来的"安史之乱"。契丹帝国虽然是传统意义上的"蕃"所建立的国家，但是它并没有那么强烈的蕃汉观念，而是把汉族当成与自己平等的民族，设置了北、南官制这套适应实际情况的统治政策，为后来的金、元、清建立中央集权统治和处理民族关系，提供了有益的借鉴。

可以说，契丹帝国是历史上一条边缘清晰的分界线。契丹之前，北方草原与中原之间还存在着明显的裂痕。从战国争雄开始到五代十国，一个处理不好，就可能有一片土地游离于中国版图之外。而契丹之后，中国版图越来越密合无隙。近一千年再没出现过较大的、时间较长的分裂，这不能简单地归结为是历史发展的必然趋势。从这个意义上讲，契丹帝国堪称我国最早成功解决民族问题的典范。

五京并存：独出心裁的分都制度

契丹帝国为了巩固自己的统治，同时也是出于特定的政治目的，在广阔的领土上设置了五个都城，以这五点为中心，辐射出一张牢固的统治网。这五个都城分别是：上京临潢府、中京大定府、东京辽阳府（天显三年称南京，天显十三年改称东京）、南京析津府、西京大同府。

辽上京位于内蒙古赤峰市巴林左旗林东镇南，城址位于群山环抱的、辽阔的冲积平原上，东南有白音戈洛河萦绕，这里是契丹王族迭剌部的领地，同时也是契丹帝国的龙兴之地。该地原为荒野，太祖阿保机曾经在此射箭选址建立龙眉宫，后于神册三年（918），在龙眉宫之地建城，名曰皇都，作为帝国初期的统治中心。辽灭渤海之后，国土扩大，国家大业已经稳固，经济有了新的发展，这时的皇都城规模就显得不够宏伟，所以太宗于天显元年（926）对皇都加以扩建，在内部又兴建宫室，至天显十三年（938）又更名为上京，设立临潢府，以此作为帝国的政治中心。

在内蒙古自治区赤峰宁城县境内，有一座大明城（又称大名城）遗址。这座位于老哈河冲积平原上的古城遗址，就是契丹帝国中京大定府的故址。辽亡后，金在这里设北京路；后元设大宁路；明设大名城，永乐元年撤卫而逐渐荒废。中京的修建在圣宗统和年间，当时辽宋两国刚刚签订"澶渊之盟"，契丹帝国进入了和平建设时期，"圣宗尝过七金山、土河（今老哈河）之滨，南望云气，有郛郭、楼阁之状，因议建都"。实际上，在这一地区建立新都，除了当地环境宜人的原因外，更是出于经济和政治上的考虑。这里较上京偏南，是北部草原和南部农耕区的交接地带，便于统治两种不同生计方式的居民，更宜于与北宋交通往来。统和二十五年

（1007），圣宗择燕冀工匠在奚王牙帐之地，仿北宋开封城修建了这座规模较大的都城。中京建成之后，帝国的统治中心就从上京南移至这里。

东京辽阳府，在今辽宁省辽阳境内，是契丹帝国五京中唯一一个名称有过变更的都城，这些变更，实际是皇位争夺和领土扩张的见证。太祖皇帝耶律阿保机在他生命中的最后一次远征中，成功地攻下了素有"海东盛国"之称的渤海国，并将渤海改名为"东丹国"，意即东契丹国。他让皇太子耶律倍任东丹王进行统治。事情在太宗耶律德光即位之后发生了变化。德光作为次子继承皇位，本来就对哥哥耶律倍有所顾忌，自然不希望耶律倍的势力在东丹国过于巩固，于是，他营建了"南京"，并将渤海国的大量居民迁移至此。这一举措，一方面在于防止耶律倍在东丹站稳脚跟，另一方面，渤海居民有较高的农业耕种技术，可以为辽阳地区农业化进程的加速作出贡献。事隔十年，经过多年的向南扩展领土，尤其是燕云地区的扩入版图，原本的"南京"，也并不"南"了。于是辽阳府更名为东京，把南京的名号让给了燕京（今北京）。

契丹的南京，原称幽州，是天显年间太宗皇帝南下支持石敬瑭称帝时纳入版图的，后因其重要的军事地位而升为都城，始称"幽都府"，后改称"析津府"。南京京都是帝国五京都中规模最大、皇城建筑最豪华、人口最多的都城，幅员三十六里。皇城又称内城，位于今北京西，主要是宫殿区和皇家园林区。宫殿区东侧为南果园区，西侧为瑶池宫苑区，瑶池中有小岛瑶屿，上有瑶池殿，旁边建有皇亲官邸。在皇城四周分布有九个里坊区。坊内建有寺塔。公元1122 年金军占领南京，后将首都迁到这里。之后的元、明、清均将这里作为首都。北京成为现在全中国的政治、经济、军事、文化中心，就是从契丹帝国时期开始的。

五京之中，西京大同府的建立时间最晚，是辽兴宗重熙十三年（1044）改云州为大同府而成的。皇帝建立西京的用意，至今人们仍无法揣测清楚。有人说是为了防御西夏，可西京的军事设施远远达不到一个军事重镇的水平。可以说五京中，西京无论从修建目的还是城市规模，都较其他四个有所逊色。它在当时所起的作用，还有待于我们进一步去研究思考。

四时捺钵：契丹皇帝的现场办公

皇帝们为自己建了五个都城，并不意味着他们一定要待在这其中的某一个里面。事实上，皇帝们是随着四季的变化而不断搬家的，在所到各地设置的行帐中一边游猎，一边办公，由此便产生了春捺钵、夏捺钵、秋捺钵、冬捺钵的"四时捺钵"制度。

春捺钵主要是钓鱼、捕鹅雁，地点在长春东北 35 里的鸭子泺（今吉林省月亮泡）。皇帝一般是在正月上旬由临潢府（今内蒙古自治区赤峰市巴林左旗林东镇）出发来到这里，先凿冰钓鱼，到冰解之时捕鹅雁，并举行头鱼宴和头鹅宴，顺便宴请当地的各部族首领们。帝国的摧毁者完颜阿骨打就是在这里的头鱼宴上，初次与当时的天祚皇帝交锋的。

夏捺钵无定所，一般在黑山（今内蒙古自治区赤峰市巴林右旗西北白塔子庙东汗山）东北的吐儿山，主要是避暑纳凉，暇日从事游猎张鹰。六月上旬来此，七月中旬以后离去。

秋捺钵在永州（今内蒙古自治区西拉木伦河与老哈河汇合处西）西北50里的伏虎林，主要是入山射鹿及虎。射鹿时，事先埋伏在鹿饮水必经之处，待鹿来饮水，令猎人吹角效仿鹿鸣，鹿集至则射杀之，称作"呼鹿"。

冬捺钵在永州东南的广平淀。此地多沙，地势平坦，冬天稍暖，契丹皇帝多在此"坐冬"避寒，同时射猎，讲习武艺，并与大臣议论政事、接待各国使臣的朝贺。

我国历代上的中原王朝都有一个固定的政治、经济和文化中心，皇帝在这个中心之内号令天下，安国治民。同时，这个中心也是皇帝的安乐窝，除御驾亲征、出巡视察外，皇帝们都在这个窝里蛰伏着。那么，为什么偏偏契丹皇帝不辞劳苦、岁无宁居、周而复始地搞捺钵呢？

事实上，皇帝们的捺钵活动有着特殊的政治意义，而这也是辽朝政治制度的一个突出特点。各捺钵处不仅仅是皇帝网钩弋猎、消寒避暑的场所，也是处理政务，召开国家级和地区级会议，接见各国使节、收纳贺礼的所在。

辽代皇帝的捺钵制度，很像我们今天的"现场办公"，可以说是我国最早的"现场办公制度"。这个颇具特色的四时捺钵，也为后来的金、元、清王朝的统治者所接受，但其内容、规模都有了变化。金王朝捺钵形式几乎与契丹相同，但居留时间短，行动简单，多为嬉游，无关政治；蒙古大汗夏秋入上都（内蒙古正蓝旗）避暑，同时会见蒙古各部，到了春冬，则在燕京处理中原事务；清朝皇帝亦部分保留了捺钵风俗，只是改换成了木兰秋围的方式，可见清朝的皇帝懒惰了很多，不再出门接见满蒙各部首领，而是要求他们齐聚木兰围场，其办公热情较大辽皇帝，不知少了多少。

将女权进行到底：女主浮沉的帝国政坛

女主沉浮是契丹政坛上的一个亮点，这一特点在很多少数民族中都曾存在。比如蒙古帝国时期成吉思汗幼子拖雷的妻子唆鲁禾帖尼，她不但守护着丈夫去世时留下的领地，更是在窝阔台有正统继承人的情况下，把自己的儿子蒙哥扶上了汗位。清王朝的孝庄文皇太后和慈禧太后的例子家喻户晓，就更不必多说了。

但契丹帝国与其他政权的女主有很大不同，即整个契丹帝国的皇后、皇太后几乎都出于同一个姓氏，这种现象在整个中国历史上也是极为罕见的。

在太祖阿保机建立契丹帝国之初，部族内部"本无姓氏，惟各以所居地名呼之，婚嫁不拘地里"。直到帝国建立，为了提高自己家族的地位，阿保机"始以王族号为'横帐'"，以显示自己的家族是契丹民族金字塔的塔尖；同时"以乙皇、拔里（两家功臣家族）比萧相国（萧何），遂为萧氏"，以此来表达对汉代辅佐刘邦建功立业的萧何的尊崇。从这一点上可以看出，当时的萧氏对阿保机建立契丹帝国起到了重要的支持作用。

此后，萧氏与耶律氏通婚：萧氏的女子都嫁给耶律氏，耶律氏的女子都嫁给萧氏。这种政治联姻成为定律，世代沿袭。因此，萧氏成为辽国仅次于耶律氏的权贵势力。有辽一朝，萧氏共出了十三位皇后、十三位封王、十七位北府宰相、二十位驸马。

随着契丹帝国势力范围的扩大，皇帝后宫的女子不再限于契丹族，也曾经有过非萧姓的妃子，但占据绝对主要地位的，仍然是萧姓。皇后只能是萧氏女子，自然太后也都是清一色的萧太后，萧氏成了名副其实的"皇后专业户"。

在契丹族内，"皇后专业户"萧氏还形成了"后族"，相对于王族的"横帐"，后族则被称为"国舅帐"。根据契丹帝国的规定，北府宰相一职由"国舅帐"中选出能者担任，因此一直到辽亡，萧氏后族一直把持北府宰相之位，确实应了"比萧相国"的说法。朝堂之上，"后族"萧氏与"皇族"耶律氏势均力敌；后宫之中，更是萧氏女人的天下，由于有娘家强大的势力作为靠山，尽管是嫁给帝国中至高无上的皇帝，这些萧家的女儿们丝毫没有畏惧之意，并在帝国政治舞台上充分展示着她们的才能。

这样一来，整个帝国的命运，都跟这个国家的女人们息息相关。帝国的草创时期，是述律平一路扶着丈夫阿保机走向帝位，在丈夫去世后，述律太后又操纵了皇帝大选。纵观帝国历史，最风光的女性，无疑应属承天太后萧燕燕，她临朝称制 30 余年，最后把政权顺利地交给了儿子，也正是在她统治时期，帝国达到了辉煌的顶峰。圣宗升天之后，他的两个妻子齐天皇后和法天皇后斗法，搅得整个契丹政坛动荡不安，也就是在这个时期，帝国的内忧外患逐渐出现，开始走下坡路。而帝国女人的境遇开始艰难起来是从道宗开始的，道宗因为一首《十香词》而赐给妻子三尺白绫，堂堂的皇后就这样不明不白地被赐死了。而这时的帝国也同这位皇后一样，风光只是表面，内部的重重矛盾随时都可能爆发，将一切摧毁殆尽。

可以毫不夸张地说，契丹帝国这驾大车，也是由耶律氏和萧氏联合驾驭的，当女人们掌权时，这辆大车在顺利地前行，而当女人的地位衰微到沦为王权的附属品时，这辆大车也在顷刻间坍塌了下来。

契丹帝国退出历史舞台已经 800 余年，但一些独具特色的治国方略及习俗却影响深远，至今独领风骚。然而这个帝国的历史及其创造的许许多多的辉煌，仍被无情的岁月尘封着……

缺乏耐性的代价——迟到500年的帝国开基

在辽河流域过着悠闲生活的契丹人无意中发现了南方世界的富庶和繁华。有着狼族血脉的他们禁不住诱惑，未经充分准备就迫不及待地整装南下。等待他们的不是鲜花和贡品，而是硬弩长剑。为了生存，契丹人只好背井离乡，分头行动，各走各路。

近500年的蛰伏换来的不是消亡，而是成熟与雄浑。因为在蛰伏中他们找到了一个可以临摹的样本——盛唐。

第三章
心急吃不了热豆腐——帝国建立前的漫漫长夜

跟历史上所有的民族一样，契丹民族也走过了从氏族到国家的艰难过程。只是，这段艰难的历程并不是外力所致，而是来自他们自己的一次冒失行动。鲜卑——堪称骨灰级的草原前辈，决定适当教训他们一下，于是"不痛不痒"地给了他们一巴掌……

一分为三：朝贡带来的意外后果

契丹族在辽河流域过着悠闲的游猎生活，虽然有吃有穿，但他们的生活条件却远不及中原发达的农业文明所创造出来的繁华世界。如果说，契丹人在没接触到外面的花花世界时还能安于现状的话，那么，当外面的世界已经在触手可及之处闪烁着耀眼的光彩时，让他们仍然保持一种满足的心态去面对自己仅有的生活，就不现实了。改变发生了，而这种改变，起步于对外面世界试探性的接触。

公元 466 年至 470 年间，史载："真君以来，求朝献，岁贡名马。显祖时，使莫弗纥何辰奉献，得班飨于诸国之末。归而相谓，言国家之美，心皆忻慕。"尽管这是契丹族第一次派使者向北魏朝献，但得到的待遇与当时其他民族的使者一样，甚至在赐宴给使者们时，还被排在了最末等的位置。

尽管如此，这次朝贡在契丹诸部内部仍然掀起了轩然大波。何辰回到契丹以后，把自己看到的北魏的兴盛富庶景象描绘给族里的人们。中原的繁华很快传遍了契丹八部，族人们顿生仰慕之心，就此开始与北魏进行互市交易，并且与北魏王朝保持了紧密的联系，年年贡赋不断。

从记载来看，当时的八部是各自来"朝献"，各自与北魏交易互市的，他们之间还没有形成统一的组织。但是没有统一组织的契丹八部族，彼此之间却保持着互为兄弟的血缘关系。他们牢记着八部出自共同的祖先，并将其作为互有血缘关系的证据。

辽阔的北部草原，就像一个巨大的漩涡，生活在上面的每个民族无一例外都承受着巨大的压力。脆弱的，只能被吞没；只有坚强的民族，才能挺立并发展起来。这些压力，除了来自大自然，还来自其他民族的侵袭。

契丹部落各自分散活动的状况延续了很久。在这段时间里，契丹人不仅多次为慕容氏攻破，在北魏统治后期，契丹西部的柔然也逐渐发展起来。北魏太和三年（479）契丹因无法抵制外界逐渐强大所带来的压力，其首领莫贺弗勿于率领部落成员"车三千，乘众万余口，驱徙杂畜"请求内附，整个部落最后迁徙到了"白狼水东"，即今天辽宁省阜新地界。在这里，契丹族在与中原的不断接触中，经济和军事实力得到了进一步的发展，并开始试探性地向外拓展。

北魏灭亡后的几年，刚刚建立起来的北齐政权尚无能力北顾，中国北方出现了一个短暂的权力真空期。契丹就趁这个时机，开始了扩张的步伐。最初他们西攻柔然胜利，杀死了柔然首领铁伐。被胜利冲昏头脑的契丹人，转而南下袭击了北齐的边境要塞，企图乘这个国家立足未稳之际，获取更多的战利品。然而，这次南下无疑是捅到了一个大马蜂窝，北齐对这次侵扰立即做出了反应，决定对契丹进行报复性的还击。北齐的这次出征，除了报仇，自然还带有树立国威的意味。于是就在同一年（北齐天保四年），文宣帝亲自率部北伐，一路经平州（今卢龙）、白狼城（今喀左）、昌黎城（今朝阳），一直杀到了青山（今阜新西大青山），大破契丹，俘虏了契丹十万多人口，以及杂畜数十万头。

这次战争对于契丹族来说，是一次巨大的打击，大量人口与牲畜被抢走，让他们的经济一蹶不振，无路可选地只能臣服于北齐。北齐也达到了这一战的目的，报了仇，雪了耻，占了便宜，也扬了国威。这一战之后的第二年，契丹就正式入贡于北齐政府，俯首称臣了。

可是，祸不单行，很快的，契丹族的又一个灾难出现了。发家于草原西部的突厥民族势力大增，就在契丹入贡北齐的第二年，发兵灭掉了曾经强大一时的柔然，并开始向东攻打契丹。契丹与北齐战后还没来得及恢复经济，又失去了柔然这个屏障，面对来势汹汹的突厥人，完全没有抵抗的能力。

面对这种南有北齐、西有突厥的局面，分歧在契丹族内部产生了：有一部分契丹人，为了躲避战祸，选择了向东迁徙；留在原地的契丹人，因为没有抵抗的能力，终于被突厥纳入统治范围之内。自此，契丹族分化成三个大部分：一部分为北齐"分置诸州"的俘虏；一部分东迁；还有一部分受突厥统治，由可汗设官管理。

50 年后重相聚：面目全非的契丹八部

在此后的半个世纪里，契丹部落经过了一个从分散到聚合、改组的过程。长期的战争，使得分散的各部落认识到，单纯依靠各自的力量，是无法维持本部落的生存的，只有联合起来，才能与外族抗衡和"寇抄"近邻的财富。正是由于外部的压迫，促使契丹民族团结起来，正式组成了"部落联盟议事会"。

隋朝统治时期，契丹族开始有了新的变化。按《隋书·契丹传》记载："开皇末，（契丹）部落渐众，遂北徙，逐水草。……有征伐，则酋帅相与议之，兴兵动众，合符契。"隋末唐初的契丹人正在经历着"亲族部落间的联盟"的历史发展阶段，这种亲族部落间的联盟"常因暂时的紧急需要而结成，随着这一需要的消失即告解散"。

他们的发展经过，史料并没有留下直接的记载，只是从只言片语中可以看出，从 6 世纪中叶开始，周围的强大邻人北齐、突厥先后发动了对契丹的进攻，给了他们沉重的打击，把他们打得四散。

防御外来侵略的要求，显然是促使他们联合起来的一个重要因素。契丹八部从分散活动走向初步的联合，并没有什么困难。因为按照一般惯例，互为兄弟的亲属部落，本来就比较容易在对外作战中相互支援；一旦客观条件成熟，共同推选出酋长来联合各部对外作战，是极其自然的事情。在今天看来，这只是在部落组织的发展史上向前迈进了一小步，但是对契丹族人来说，走到这一步，却是经历了漫长而艰难的酝酿。不过，他们并没有在这种松散联盟阶段多作停留，当契丹人尝到了联合作战带来的甜头，而外部条件又要求他们增强这种联合力量获取更多利益的时候，这个暂时的松散的联合迅速地进一步发展成为固定的永世的联盟。

历史的车轮转到了公元 6 世纪末。隋文帝杨坚南征北战，终于结束了中国的分裂局面，在中原地区建立起一个统一的政权。那些当年被北齐俘获，而分置到营、平各州的契丹人，看到了南方政权的强大与稳定，认为应该是一棵可以依靠的好乘凉的"大树"，于是部落首领莫贺弗派使臣到隋，表达臣服之意。有人主动来归附，这是多么及时地宣扬国威的事情啊。隋文帝感到面子十足，当然是快乐得不得了，所以不但对这次内附表现出极大的热情，举朝迎接，还立刻封了莫贺弗为大将军，更是满口答应了契丹人的内附请求，特许契丹人回到原来的居住地，继续在白狼山东北部生活。于是，就在这一年，契丹举族内迁。

受此鼓舞，不久，东迁的万余家契丹部众也举族迁徙，内附于隋。隋朝政府自然以同样的热情接纳了他们，同样也让其回到了原居住地，与从北齐回来的契丹部会合。

几年之后，一直受突厥统治的 4000 余家契丹人，也脱离了突厥的控制，回到白狼山东北。但是这批人的回归，却没有前两批兄弟那么幸运。当时的隋王朝非常清醒，知道自己的北部防线并不牢靠。对于北部最大的威胁——突厥，隋朝选择了守势，尽量避免发生正面的军事冲突。因此，隋文帝非常担心契丹的回归，会影响并不稳固的和平局面。于是，文帝下令，赐给这 4000 余家契丹人粮食供给，但让他们重回突厥的统治区内，并作势修书一封给突厥可汗，为契丹人求情，请求可汗不要因其叛离而予以惩治。

但是，契丹民众的统一之心，完全没有因隋朝的拒绝而动摇。从突厥统治区回到故地的契丹人拒绝再次离开自己的族人，隋王朝最后也只能妥协。于是，在开皇末年历尽劫难的契丹诸部再次团聚在一起。

近半个世纪的分离，使得分散在三处的契丹族人再次相聚时，族内诸部的名称，已经与从前有了很大的不同。可以确定的是，此时的八部成员绝不会与古八部完全相同。这时的契丹八部，是在累遭强邻攻击，成员多次被掠、迁徙，部族严重受创后出现的，就像历史上说的，他们已经"部落离散，非复古八部矣"。

但是，也许是受到起源传说的影响，在他们的观念里，一直坚持认为自己是神人天女所生八子的后代，这种同宗同源，绝不是时间与空间能够隔断的。正是这种理念，促使三部分分散各处的契丹人在历尽艰难后重新相聚。而重新整合后的契丹族，仍然保持了八个部落。不仅如此，契丹人之间并没有因半个世纪的分离产生隔阂，他们反而更加紧密地团结在一起，进而促进了契丹部落联盟的产生。与此同时，在八个部落中还出现了大贺氏这一显贵的氏族。而此后的很长时间里，整个契丹部落联盟的联盟长，都从大贺氏中选出。因此，契丹历史从这时开始进入了大贺氏联盟时期，这一时期，从隋末持续到唐初，大概经历了100年，此时的契丹八部，各部的名称改变很大，并没有恢复到古八部时期。

内附以后的契丹，基本上和隋王朝保持着友好的关系，经常向隋王朝入贡，并表示臣服。根据史书记载，只有在隋炀帝初年，契丹和隋之间爆发过一次较大规模的战争。据说因为"契丹劫掠营州"，大业元年（605），隋炀帝下令官员韦云起"护突厥兵讨之"。韦云起和突厥启民可汗所派的两万骑兵到了契丹领地，谎称是路过此地，要去柳城与高丽交易。也许是出于对隋朝的信任，契丹人完全相信了韦云起的说法，对于突厥大军入境完全没有提防。行进到离契丹兵营50里的地方时，突厥军队忽然加速前进，袭击了猝不及防的契丹部。契丹有四万多人在此次偷袭中成了俘虏，其中的男子全部被残忍地杀害，女人则连同劫来的牲畜一起被突厥和隋朝作为战利品平分了。这次战争，对于刚刚稳定下来的契丹族来说，几乎是一次灭顶之灾，他们损失了近半数的人口，经济也遭到了严重的破坏。

几年以后，突厥启民可汗去世，他的儿子继任汗位，称为始毕可汗。新可汗年轻有为，在他统治时期，突厥的势力大增。而当时的隋朝统治已近末路，隋炀帝的暴政引发天下大乱，群雄竞起，中原地区战火不断。百姓们为了躲避战乱，纷纷逃至突厥，而边疆的各少数民族，无论是草原东部的契丹、室韦，还是西部的吐谷浑、高昌，也都不得不臣服于突厥，以求在乱世中自保。沉重的军事打击和强大的外敌，并没有让契丹人从此一蹶不振，他们就像草原上的野草一样熬过冬天，当春风吹来，又茁壮地成长起来。

唐朝的建立，可以说是契丹复原和壮大的"春风"。唐建国初年，在北方草原上的突厥，已经是当时的霸主了，其势力远远大于唐王朝。随着唐朝完成了中原的统一，开始经营边疆，最初臣服于突厥的契丹，开始处于二雄之间的境地。弱势的契丹只能分别奉表称臣，以示恭顺，但也时而侵入唐境攻城略地，时而反抗突厥控制。

对于这种游离状态的边疆民族，唐高祖和之后的唐太宗改变了隋朝那种表面招抚、实际上不闻不问的态度。他们更加积极地拉拢契丹，实行笼络和扶植的政策。

随着唐朝的逐渐强盛，契丹诸部开始相继脱离突厥的控制，内附于唐。开始时，契丹族的君长咄罗只是试探性地派出使者，带着名马和貂皮等特产，来到长安朝见唐高祖。高祖李渊表现出天朝上国的风度与气派，这种态度给了契丹人很大的鼓励，于是，往来频繁起来。几年以后，老君长故去，新任的君长摩会朝唐，此时的唐朝也已经历了"玄武门之变"，皇帝换成了太宗李世民，新皇帝比老爸更加慷慨，他赐给了摩会"鼓纛"（象征可汗权力的战鼓和旌旗）。从此"鼓纛"成为契丹君长权力的标志之一。

估计唐太宗也没有想到，契丹人会如此重视他的赐予，甚至契丹帝国开国皇帝阿保机的老婆述律氏，也因为保护丈夫"鼓纛"而一战成名，当然这是后话。随着契丹与唐朝的接触越来越多，李世民在拉拢契丹人的问题上又下了一剂猛药，使契丹人终于下了决心正式接受唐朝的"统治"。这一次，李世民赐了契丹君长"国姓"。何谓国姓？就是跟皇帝一个姓。了解中国姓氏的人大概会有这样一个感慨，就是把姓氏按人口数多少排序，排名靠前的几个几乎都曾经是"国姓"呢！其中的原因并不只是皇族显贵，孩子生得比别人多，现在看来，应该有一大批是被赐了"国姓"的。

还是接着说这个契丹君长，除了赐姓，他接受的还有更具实际意义的东西，那就是对松漠地区的军事统治权。事情是这样的，契丹人虽然早有内附的意愿，但是又怕内附之后失去自己的地盘，于是，唐太宗在北部边疆设了个松漠都督府，大致范围在今西拉木伦河南、老哈河上游、朝阳以北、辽河以西，并让契丹君长出任都督。名义上是唐王朝的疆域范围，实际上，都督才是这里的实际统治者，这就是传说中的"羁縻府州"，也可以说是唐王朝在解决民族问题上一次伟大的创举。虽然很多人把后来"安史之乱"的原因归结为唐所设的这些羁縻府州，但不应否认的是，羁縻政策是建立在正视民族差异的基础之上的，也是试图求同存异的一种尝试，正是因为它不完善，后来的人们才有机会进一步去完善它。

第一任松漠都督的名字叫窟哥，下面还有十个州的刺史，由他直接领导。当然，这些刺史就是契丹族各部落的酋长。可惜的是，这位都督当了没几年就与世长辞了。虽然说这时候是选举君长，但在当时，有钱、有权又有资格被选的人没几个，所以历史的记载是，在老爹升天后，他的儿子被选为下一任契丹君长兼松漠都督。

就这样，这种在契丹族聚集地区设置羁縻州，任用契丹联盟长来统治的方式正式确立下来。唐王朝在经济上给了松漠都督府很大的支持，这些资助极大地促进了契丹经济的发展，契丹社会在这一时期有了巨大的进步。唐的付出，当然不可能不求回报，边疆地区的契丹，成了唐廷抵御突厥的一道防线；而每有征战时，契丹又成为唐王朝一支强有力的作战劲旅。

可惜这种双赢的局面，并没有持续很久，矛盾就出现了。

一石三鸟：营州举义的意外收获

内附以后的契丹，既作为一个独立的民族存在和发展着（在契丹族内部已经形成了比较巩固的部落联盟，部落联盟长已经逐渐地由世袭产生），又已成为唐王朝统治下的臣民：大贺氏联盟的"君长"和各部族长，既是契丹人的首领，同时又是唐朝羁縻府州的都督和刺史。

随着契丹经济的发展，政治上的各种制度也开始建立起来，契丹人慢慢开始不满足于作为唐廷的作战工具。矛盾就这样出现了，最终导致了"营州之乱"。在中国历史上有太多的战乱，这一个，也跟大多数的战争一样，在历史的尘埃中渐渐被世人遗忘。令人无法理解的是，这次战争的副产品，却还留在人们的记忆中，只不过很多人已经无法将它们与"营州之乱"联系在一起了。

公元696年，营州一带由于连续几年的灾荒，导致农牧无收，民不聊生。而营州都督赵文翙完全不关心百姓疾苦，继续着自己花天酒地、醉生梦死的奢靡生活。这位赵都督视管辖区内各族酋长为奴仆，稍不如意就对他们非打即骂，屡"侵侮其下"。天灾人祸逼使李尽忠联合妹婿、诚州刺史孙万荣共同起兵反唐，这次起义得到了百姓的支持，一路攻城略地，所向披靡，李尽忠自封为"无上可汗"，契丹君长称"可汗"就是从这时开始的，这是第一个副产品。

"营州之乱"的第二个副产品，可以说是最终促使武则天放弃了立武氏子弟为嗣的想法。契丹起兵的消息传到了东都洛阳，面对一个影响力很小、人力和物力很难与中原抗衡的对手，武则天不分曲直，兴师动众，大张旗鼓地进行讨伐，还煞费苦心地把李尽忠的名字改成"李尽灭"，把孙万荣改成"孙万斩"。其目的就是要通过扩大事件的影响和朝廷对事件的重视程度，为武氏子弟创造一个建功立业的机会，以此来确立武氏子弟的功勋和威望，为立他们为嗣铺平道路。

但让武则天失望的是，武氏子弟在平叛中逃的逃、躲的躲、滥杀的滥杀，充分暴露了他们无才无能，根本不足以继承大统。此间反叛的孙、李二人不但节节胜利，甚至打出了"何不归我庐陵王"的旗号（按：庐陵王，就是武则天的儿子李显，高宗驾崩以后，李显本来已经继承了皇位，但是没多久就被自己的母亲赶下了台，贬为庐陵王，流放在外）。所以，在来自各方面都拥护李唐的压力下，武则天也认识到人心所向的不是武氏，而是李唐宗室，如果再一意孤行，就会有丧失人心的危险。最终，在"营州之乱"平叛之后，武则天召回庐陵王李显，这宣告了武则天立嗣态度已由支持武氏转为支持李氏，为后来李氏大唐政权得以恢复奠定了基础。

第三个副产品，比较"著名"。在武则天所派出的武氏子弟中，有一个叫武攸宜的王爷，当然也是被打得落花流水了。我们要说的当然不是这位王爷，而是该王爷有一个不被重视的幕僚，他的建言上司完全不予理会，军队猛吃败仗，为此这位幕僚郁闷得不得了，就跑到附近景点散心，一时间诗兴大发，就即兴赋诗一首："前不见古人，后不见来者。念天地之悠悠，独怆然而涕下！"（陈子昂《登幽州台歌》）

如今，营州之乱时那些带兵的、掌权的、显赫一时的人们，他们的名字在历史的角落里渐渐被世人遗忘。而在当时郁郁不得志的小小幕僚和他的这首诗却流传后世。细读史书，我们会感慨，命运总是公平地对待世界上的每一个人，只是这种公平表现的方式不同罢了。不得不说，这是历史的奇妙之处，也是人生的奇妙之处吧。

这场战争的结局，是武则天联合后突厥汗国的默啜可汗趁孙万荣领兵南下之机，偷袭了契丹后方，攻破新城，俘虏了包括尽忠、万荣妻小在内的留守人众。消息传来，契丹军心动摇，武周军乘机进攻，奚人又临阵倒戈，从背后夹击，契丹因此大败。万荣突围逃至潞水（今北京通州区附近北运河）东，疲惫至极，在树林中休息的时候，被自己的家奴杀死。这样，以李尽忠和孙万荣为首的大贺氏联盟反对武周的战争，以契丹的失败而告终。

没有军权的遥辇氏可汗：躲在背后积蓄力量的迭刺人

营州之乱以后，契丹与唐王朝的关系彻底决裂了。在巨大的压力之下，契丹部众再次投靠突厥。而在此后的时间里，唐王朝内部也经历了翻天覆地的变化，武则天这位中国历史上唯一的女皇帝，在儿孙们的压力下被迫退位。七年之内，她的儿子李显（中宗）、李旦（睿宗）又都匆匆重温了一次皇帝梦，直到唐玄宗即位，才结束了频繁的政权更迭。内部安定之后，玄宗终于有暇四顾边疆。契丹联盟的首领、李尽忠从父弟李失活在这个时候适时地遣使随奚人入唐朝见，玄宗倍加抚慰，失活乘机举部脱离突厥复归于唐。开元三年（715），唐复置松漠都督府，以失活为都督。四年，唐封失活为松漠郡王、行左金吾卫大将军，还把宗室外甥女杨氏封为永乐公主嫁给他。之后再置营州都督府，统辖和治理契丹。

　　在这一时期，契丹族中的一个"衙官"在族人中脱颖而出，因其骁勇善战而深得人心，这个人就是可突于。随着可突于军功的增加，他在族中的声望也越来越高，渐渐有超过可汗的趋势。失活死后，继任可汗的是失活的弟弟。这位继任者意识到自己的地位受到了可突于的威胁，于是谋划将其除掉，结果既没兵权又无声望的可汗还没来得及行动，就已被对方察觉，不得不出逃营州，求得唐朝的援兵讨伐可突于，可最后还是战败被俘，落得个被杀的下场。

　　可突于是个聪明人，他并没有自己取而代之做契丹可汗，而是推举了失活的另一个弟弟郁于，并让郁于入唐谢罪，同时请求唐的认可，以此来改善与唐王朝的关系。因为契丹可汗虽然是族内推举的，但是可汗还兼任着唐政府的松漠都督一职，可突于刚刚杀的不仅仅是可汗还是都督，而新推举的郁于，只是可汗，松漠都督还需要唐政府的承认。

　　此时的唐政府刚刚吃了败仗而颜面尽失，郁于的到来刚好给了自己一个台阶下，也就顺水推舟地给了郁于封号。不仅如此，玄宗还册封了个"燕郡公主"给他做妻子，这一做法也就等于默认了可突于的实际统治地位。可惜好景不长，郁于不久就病死了。郁于的弟弟接任，不幸的是，他显然不是可突于中意的人选，最后为了逃避可突于的加害而与燕郡公主一起逃亡到唐朝，唐玄宗收留了他并封之为辽阳郡王。

　　可突于又立了李尽忠的弟弟邵固为契丹可汗。就这样，军事首长可突于专权，一次又一次地废掉自己的首领，唐朝鞭长莫及，只能听之任之，多从其请。唐王朝的退让并没有让可突于有所收敛，由于邵固表现出极强的亲唐热情，引起可突于的不满，720年，他干脆杀掉了被自己推上台的邵固。

屡次废立可汗的可突于终于意识到，在统治契丹一百多年的大贺氏家族中，无论选谁做可汗都无法真正保障自己的权益，只有在实力不强的家族中另选可汗，才能确保自己的地位不受威胁。于是出身遥辇氏的屈列成为幸运儿，被可突于推上汗位。至此，大贺氏部落联盟告终，遥辇氏代之而兴。

被杀的邵固，其妻是玄宗所封的外甥女东华公主。公主见丈夫死后，契丹族内的反唐势力已经掌握了实权，自己已无容身之处，只得逃奔到平卢，寻求唐政府的保护。

果然不出公主所料，可突于很快就率部众投靠了后突厥汗国。遥辇氏契丹再次断绝了与唐的关系。如果说，此前唐玄宗是为了边疆的安定而百般忍耐的话，那么此时已是忍无可忍无须再忍了，他诏幽州长史赵含章等人发兵讨伐契丹，大获全胜。失利逃亡的可突于不甘心失败，第二年又在突厥兵的支持下卷土重来，侵扰唐朝北方边境。当时负责守边的是幽州长史薛楚玉。他十分轻敌，率万骑往击，结果折将两员，损兵万人。得此消息，玄宗龙颜震怒，立刻擢良将张守珪为幽州长史，讨伐可突于。

张守珪是个聪明人，他充分利用了契丹族的内部矛盾。在此时的契丹族中，有一个人与可突于"分掌兵马"，他就是李过折，这个人曾是松漠都督府的"衙官"，是被推翻的大贺氏一派的人物。李过折早就对可突于独掌大权心怀不满，张守珪看中了他这一点，于是暗中派人与他联系，共议除掉可突于。两人一拍即合，很快实施了计划。首先由张守珪正面攻击可突于，迫使他后撤；李过折则乘可突于兵败军心散落之际，乘夜色杀了可突于和屈列可汗，率众降唐。李过折终于当上了向往已久的契丹可汗，同时，还被唐政府封为北平郡王、松漠府都督。

可惜大贺氏毕竟已经过了气，得不到各部族人的支持，在出任可汗兼松漠都督不足一年后，李过折还是落了个全家都被部将涅里杀尽的下场。涅里推举了遥辇氏的李怀秀为"阻午可汗"，遥辇氏再一次夺回汗位，此后的历代可汗均由此部选出，管理族内事务，而涅里则任军事首长，专司军事，世代继之，直到阿保机建国。涅里就是阿保机称帝之后向上追封的"辽始祖"。

如果比较这段历史时期大贺氏与遥辇氏的不同，可以发现，大贺氏是亲唐一派，而遥辇则心向突厥。因此李怀秀上台以后，再一次叛唐而归附突厥了。

就在契丹族内争权夺势的斗争进行得轰轰烈烈的时候，欧亚草原上发生了一件大事——回纥民族正在不断地发展壮大。李怀秀降突厥没有几年，回纥首领骨力斐罗就灭了突厥，建立回纥汗国。契丹人失去了庇护，只能选择再次归唐。唐政府再一次接纳了契丹族人，授李怀秀为松漠都督，封崇顺王，以宗室女独孤氏为静乐公主妻之。

　　李怀秀为契丹可汗后，遥辇氏为契丹各部盟主的地位才稳定下来，契丹社会进入了遥辇九帐时期。经过与大贺氏和唐朝的战争，大贺氏原有的八部，由于李万荣"营州之乱"的失败和契丹内部的互相残杀，"部落凋散"，族众耗减，到阻午可汗李怀秀时已经"仅存五部"了。当形势开始稳定后，阻午可汗在涅里的辅佐下，立即着手整顿和重组部落，在现有的五部基础上几经改组，最后仍按照传说的内容，将所统部族分成了八部。当然，毫无疑问，这时的契丹八部与大贺氏时期相比，连名称也相差巨大了。

　　遥辇氏联盟的各部落首领称夷离堇，汉译为"大人"，从部落贵族中选举产生。他们对联盟的重大事务有决定权，并可任免联盟首领。"国有灾疾而畜牧衰，则八部聚议，以旗鼓立其次而代之"，便是他们行使权力的记录，这同大贺氏联盟时期的各部情况基本相同。

　　遥辇氏联盟首领称"可汗"，仍由世选产生。据《辽史》记载，遥辇氏联盟共有可汗九人，皆出自遥辇家族。联盟成立时间如自可突于立屈列算起，共存在170多年，平均每人在位近20年。若《辽史》记载没有遗漏，则说明可汗即使有一定任期，也是可以连任的。而任期的延长，表明可汗权力的增长。可汗可以利用权力和地位，左右选举，从而加强对联盟的控制。阻午可汗继立时，创制了继位仪式——柴册礼。这就使可汗的继任得以制度化，使他的权力在礼仪上、制度上得到了保障，从而巩固了地位。

　　遥辇氏联盟还设有军事首长，也称夷离堇。涅里为联盟首任夷离堇。唐朝封他为松漠都督，而他"让阻午而不肯自立"，坚决不受可汗位，但是却将兵马大权掌握在自己手中。同可汗权力的增长一样，夷离堇的职位也逐渐为部落中的显贵家族所控制。迭剌部的夷离堇一直兼任着军事首长，他们不但掌管联盟的兵马大权，主持对外征伐，还慢慢地掌握了联盟内部的裁判权。遥辇后期，迭剌部首领也可以举行柴册仪，这表明夷离堇的权限已不在可汗之下了。

无法承受的大帽子：被冠以唐王朝"隐形杀手"的契丹人

"安史之乱"是中国唐朝由盛而衰的转折点，能为强盛的唐王朝制造后患无穷的麻烦，主人公安禄山第一个要感谢的恐怕就是契丹了。正是契丹人的强大成就了安禄山，使其掌握重兵而有实力发动"安史之乱"。而安史之乱又给了契丹发展的广阔空间，进而造就了契丹帝国。

就在契丹族内部的亲唐和亲突厥势力纠缠着、相互打压、难分上下时，有一个人从外部施加力量，将契丹彻底地推向了突厥，这个人就是安禄山。

说到安禄山这个人，他的发家可以说是完全依赖着契丹族的。在安禄山还是一个市井混混、为自己的生计发愁时，契丹族内发生政变，东华公主逃回唐地，可突于率部意欲投靠突厥。唐廷新派来的将领张守珪在幽州当地招募熟悉契丹情况的人入伍。就连张守珪自己也没想到，自己召来的这个安禄山会在 20 年以后改变中国北方的政局。

在大多数人的印象中，胡人安禄山的起家，不过是靠着一身高超的舞技再加上奉迎拍马的能耐。鲜为人知的是，契丹才是安禄山发迹的最大功臣，也是最大的牺牲品。

安禄山刚进部队，只做了一个小小的捉生将，但却经常能立奇功，被张守珪赏识并收为养子。虽然安禄山后来曾担任过平卢讨击使，但这样一个偏远地区的小小将领，是根本没有机会面见皇帝的，正是契丹给他提供了一个攀龙附凤的机会。在一次对契丹的战斗中，"禄山恃勇轻进"，结果中了埋伏，被打得全军覆没，只身单骑逃回幽州。张守珪依军法要处斩安禄山。临刑前，安禄山大呼道："大夫不欲灭奚、契丹邪，奈何杀禄山！"

张守珪本是个爱才之人，再加上他对安禄山一向印象极好，所以也有意保全安禄山。于是张守珪想了一个两全之计：将安禄山解送长安，由朝廷处置。玄宗看了张守珪的呈文后，认为安禄山是个少有的人才，应该赦免，让他戴罪立功，所以只是下令免去安禄山的官职，作为一般士卒在军前效力，"以白衣将领"。这样一来，安禄山反倒因祸得福，虽然暂时丢了官，却在天子脑海中留下了深刻的印象，在朝野中也成了人物，为其日后的飞黄腾达创造了极为有利的条件。回到幽州后，张守珪对安禄山更加另眼看待，给他创造了各种机会立功赎罪，还让他负责接待朝廷派往幽州的各方面人员。

安禄山生性圆滑，谄媚巧言，善于窥伺人心，他使出浑身解数，刻意巴结、贿赂朝廷来的官员。不久，安禄山就赢得朝廷各方面的一片赞誉。安禄山靠他奉迎拍马的手段，再加上玄宗心中早已对他有了一个先入为主的好印象，于是平步青云，一步一步地升官，直到当上平卢节度使。

契丹的阻午可汗降唐，又拜官又封王，还娶了唐朝公主，本应在当地休养生息，过几年和平日子。但是，刚刚"事业起步"的安禄山却不能容忍这种安定局面的出现。安禄山通过侵掠契丹并引起契丹的不断反击，人为地激化了唐与契丹之间的矛盾。就这样，契丹成了安禄山仕途上最有力的敲门砖和垫脚石。他采取阴谋手段，诱骗平卢附近的契丹和奚等族首领和将士参加宴会，在酒席上用药酒灌醉他们，把兵士杀了，又把他们首领的头割了，献给朝廷报功；同时不断向朝廷要求军饷和粮草，扩充自己的实力。一将功成万骨枯，就在安禄山得到越来越多实惠，被玄宗倚重为"安边长城"的同时，契丹人却越来越无法容忍这种无休止的侵扰了。最终阻午可汗与涅里发动了叛乱，杀了静安公主，投附于回纥，以求自保。

契丹反叛出唐，让安禄山发现自己不再拥有谋求政治利益的筹码，为防止最后落个"走狗烹"的下场，就决定先下手为强，自范阳起兵，发动叛乱，攻向洛阳。一时间渔阳鼙鼓动起来，"惊破霓裳羽衣曲"，这就是有名的"安史之乱"。这次叛乱成了唐朝由盛至衰的转折点。盛极一时的唐王朝从此成了一个名义上的存在，真正掌握时局的则是那些盘踞各处的藩镇节度使们。

在之后很长一段时间里，人们都将"安史之乱"爆发的原因归结为契丹的连年犯边，认为契丹是导致唐王朝灭亡的"隐形杀手"。似乎，如果没有契丹，就不会有安禄山，也不会有安禄山的拥兵自重，更不会有之后长达数百年的战乱纷争。殊不知，在整个事件中，契丹也同样是一个受害者。契丹人也不明白，为何唐王朝如此变幻莫测，刚刚还热烈欢迎、下嫁公主，转脸就派兵偷袭，烧杀劫掠。其实，这全都是安禄山为满足个人私欲而使出的挑拨伎俩造成的。

契丹人无端地背着这个罪名走过了几个世纪。尽管在唐晚期，屈戍可汗附唐，拜为云麾将军、守右武卫将军，但是深植在中原人心中的刻骨偏见已经形成。正因为如此，在五代以至北宋，契丹并没有像沙陀等其他草原民族那样被中原政权认同，而是被想尽办法地抹黑和丑化。就连"澶渊之盟"签订，两国已约为兄弟之后，在宋人出使契丹时所写的笔记中，仍被称为"虏"。

第四章
青牛妪，曾避路——奇女子催生枭雄

尊敬英雄、服从英雄、争做英雄是草原文化的一大特点。可英雄毕竟不是随时都能出现的，于是，速兴速亡成为草原帝国一个挥之不去的梦魇。契丹人是幸运的，因为在他们之外没有一个强大政权虎视眈眈。契丹人可以耐心地去寻觅英雄，去培养英雄。于是，一个有别于冒顿单于、有别于阿提拉、有别于帖木儿的大英雄——耶律阿保机诞生了，一个延续了200余年的契丹帝国诞生了。

遥辇氏可汗的终结者：靠合法改选登上大位的阿保机

按《辽史》记载，耶律阿保机出生于公元872年。当时契丹的贵族阶层正在为争夺联盟首领之位打得不可开交。耶律阿保机的祖父在争斗中被杀，他的父亲和叔伯们也大多被迫逃离故乡，躲了起来。而南面的中原大地上，大唐王朝气数将尽，藩镇割据势力互争雄长，刀兵四起，很快，中国历史就迈进了兵荒马乱、群雄割据的五代十国时期。阿保机正是在这样一个乱世中磨砺出来的一代枭雄。

阿保机出身于迭剌部耶律（世里）家族，以氏为姓，故姓耶律，汉名亿。《辽史》上说，耶律阿保机的母亲是在梦见太阳堕入怀中后有了身孕，生产之日，室内霞光万丈，香气怡人，而刚出生的阿保机，就已体如 3 岁孩童。

如此异象，让阿保机的祖母又喜又惧。喜的是，这样的祥瑞之兆，预示着这个孩子绝非寻常，长大必定能够闯出一番事业；惧的是，当时的契丹族内部，权力的争夺已经进入白热化阶段，自己的丈夫和儿子们已经无一例外地卷入了这场战争。这个孩子出生就与众不同，会让对手把阿保机当作潜在的竞争者，在他还没有自保能力之时就欲将其铲除。经过慎重考虑，阿保机的祖母把他带在自己身边，藏在附近的毡帐里，甚至还涂黑阿保机的脸，以隐瞒阿保机的身份。

史书上说，阿保机果然像他祖母想象的那样，自幼就显示出超于常人的才能，出生就能爬行，三个月大的时候就已经能够走路了。不仅如此，刚刚能说话，就常能预言未发生之事，自称左右若有神人翼卫。祖母的刻意隐瞒并没有掩盖住阿保机的与众不同，虽然他还是个黄口小儿，但是所说所想已经是族内事务了。当时阿保机的伯父担任契丹夷离堇，经常来向他征求意见。耶律阿保机长大后，身长九尺，丰上锐下，目光射人，能够拉开 150 公斤的大弓。他机智勇敢、能骑善射，深得契丹迭剌部群众的拥护。

公元 892 年，在阿保机 20 岁时，家里给他定了一门亲事。女子汉名述律平，小字"月理朵"，她的父亲是回鹘人的后代，母亲则是耶律阿保机的姑姑。按照氏族传统，耶律和述律是通婚的两个部落，彼此都应在对方部落中寻找配偶。算起来，阿保机跟自己的妻子述律平是姑表兄妹，在当时是亲上加亲的美事。这一年，14 岁的述律平按照氏族的习俗，嫁给了表哥阿保机。

述律平生长在"风吹草低见牛羊""只识弯弓射大雕"的草原上，没有汉族女子三纲五常的束缚。在马嘶弦鸣中成长的述律平不但精于骑射，而且阅历丰富，具有卓越的政治和军事才能。巾帼不让须眉的她结婚不久，就随着丈夫一起东征西讨，夫妻俩同心协力缔造了契丹帝国。

契丹社会中曾经流传着这样一个童谣——"青牛妪，曾避路"，就是来描述这位述律平的功绩的。说到这个，我们前面曾经讲到契丹族的起源传说，有一位乘白马的神人与一位驾青牛车的天女，在木叶山结为夫妻，生下了八个儿子，形成契丹八部。契丹人将源流始祖合称为"二圣"，乘白马的男子为奇首可汗，乘青牛车的女子为可敦（皇后）。从此，契丹人将青牛白马视为祭祀的圣物。同时，他们认为天神会化作乘白马的男子，地祇会化作乘青牛车的女子。据说，述律平在婚后曾经行至两河交汇处，远处有一个女子乘青牛车迎面而来，可是一转眼的工夫，女子和青牛车就都消失不见了。人们都说这是因为述律平地位尊贵，就连地祇神女也出于尊敬而要给她让路。可是，与其说地祇在她面前自惭形秽，还不如说述律平是个能让鬼神都害怕的狠角色，看见她就赶紧躲开吧。

阿保机婚后，很快从众多贵族中脱颖而出，开始担任挞马狨沙里。这本是个管理氏族内务的小官，但他做得有声有色。在任职期间，阿保机率兵降服大小二黄室韦、乌古部等几个小部落，受到族众称赞，他的军事才能也得到了族人的认同。

30岁时，阿保机被推为迭剌部的夷离堇，遥辇氏的痕德堇同时连任为契丹联盟的可汗。这时的阿保机手中掌握了部族的军事大权，专门负责四处征战，这又为阿保机建立军功、树立威信创造了有利条件。在任期间，他发动本部落的兵马四处征伐，接连攻破室韦和奚等部落，同时南下进攻汉族聚居地区，俘获一些汉人和大量的牲畜、粮食。多次胜利所获的丰厚战利品，使迭剌部的经济实力和作战能力有了进一步的提高，迭剌部在整个契丹联盟中的地位逐渐突出。

据说，阿保机的伯父、契丹联盟的于越（地位仅次于可汗，史称"总知军国事"，高于夷离堇，掌握联盟的军事和行政事务，相当于中原王朝的宰相）释鲁曾对阿保机说："儿犹龙，吾犹蛇也。"言语间，除了赞扬，还大有将成就大业的寄托放到阿保机肩上的意味。然而，就在阿保机南下作战时，释鲁被自己的儿子勾结其他族人杀掉了。根据史书上的说法，这次弑父行为仅仅是为争夺一名女子。

释鲁事件的发生，目标可能是针对阿保机的。历史的列车一旦启动，任谁也无法停止车轮的转动，阿保机最终还是继承了伯父的于越职位，独掌部落联盟的军政大权。"枪杆子里出政权"，掌握了军权的阿保机，实际上就等于掌握了整个契丹联盟。在任期间，他不断向周围游牧部落用兵，同时也开始向南发展势力，在对黑车子室韦、奚、霫等族的战争中获利颇多。尤其是在 905 年，阿保机进击盘踞幽州地区的刘仁恭，连续攻下数州，"尽徙其民以归"。

随着战争所获战利品的增加，契丹族人越来越深刻地认识到：契丹族的发展壮大，必须依靠一个强有力的领导者。

然而，当时作为联盟盟主的痕德堇可汗却是个碌碌无为的平庸之辈，对外态度尤其软弱。在一次与幽州刘氏父子的争战中，这位可汗的儿子被俘虏，痕德堇并没有发兵武力解救，而是请求用 5000 匹良马赎回儿子。他的软弱让刘氏父子觉得应该有更多的油水可捞，于是一口回绝并要求痕德堇表现出更多的"诚意"。这位可汗果然十分听话，马上向刘氏"乞盟纳赂"，还吓得从此不敢再南进。如果说这种做法是因为他不愿意为拯救儿子而将整个契丹族推入战火，那么下一件事办得就彻底没有理由了。

刘仁恭在每年秋霜落后都放火烧毁契丹人的牧地草场，致使大量族人赖以生存的牲畜因没有足够的草料过冬而饿死，痕德堇对这种暴行也采取毫无原则的妥协政策，用更多的宝马良驹贿赂刘仁恭，请求卖给自己一些草场。

按契丹习俗，为可汗者必须有"德行功业"，否则应由他人替代。由于痕德堇平庸无能，治理无方，牲畜被饿死，领兵出征又经常失利，根本满足不了贵族们聚敛财富的欲望，所以各部落对痕德堇非常不满。相比之下，智勇善战的阿保机就比软弱无能的痕德堇强得多了。于是，阿保机利用这个大好时机，遵照合法的传统制度举行了可汗的改选仪式，并凭借自己的威望登上了可汗的宝座。就在辉煌一时的唐帝国灭亡于朱温手中的同一年，阿保机也在契丹族新一轮的选举中，取代了遥辇氏痕德堇，做了联盟的可汗，遥辇氏统治契丹的时代也随之结束，迭剌部多年的努力终于修成正果。可以说，是不断对周边地区征讨的铁蹄，把阿保机带上了契丹可汗的宝座。

成为契丹可汗以后，阿保机除了认真履行自己的职责外，继续领兵四处征战，把契丹的领土扩张到现在中国长城以北的大部分地区。与此同时，他把更多的精力放在了为实现自己的皇帝梦做准备上。这一次，阿保机战马的铁蹄，不但踏向周边，更踏向契丹族内的反对者们。

阿保机虽然已经是部落联盟的可汗，但是按照传统制度，可汗之位要三年改选一次。多年的对外征战，使得阿保机并不仅仅把目光局限在草原地区。汉人谋士经常对他说，中原的帝王从来不改选；阿保机也不甘于再受部落贵族和可汗世选制度的约束，所以他从当上可汗之日起，就没打算把自己辛辛苦苦打下来的汗位再让出去。为此，他积极进行建国称帝的准备。

一方面，为取得更多的财富，扩张势力，树立权威，阿保机积极地四处征讨。他继续以武力征伐周边地区和民族，进一步扩大联盟的统治范围和军事实力。他出兵征服了黑车子室韦、吐谷浑、乌丸、奚、乌古和阻卜等部落，而且向南边的幽州和东边的辽东发动攻击。当上可汗的第二年，他率领 40 万军队大举南下，越过长城，掠夺河东等地，攻下九郡，俘虏人口 95000 多，以及无数的牛马牲畜。然后他又出兵讨伐女真，俘其 300 户。阿保机还曾领兵 7 万与李克用在云州（今山西大同）会盟，和李克用互换战袍、战马，并互赠马匹、金缯等物，结为兄弟，约好一同进攻幽州的刘仁恭。随后，阿保机又在讨伐刘仁恭时攻陷数州，尽掠其民而归。这些通过战争掠夺来的财物，被视为阿保机耶律家族的私有财产，因而其家族的经济实力大大超过了其他家族。

另一方面，阿保机加强内部统治机构的建立，调整统治集团内部的关系，削弱契丹贵族中的保守势力，加强培植个人势力集团。首先他建立了自己的侍卫亲军，即"腹心部"，从武力上保护自己的权力，并由亲信族兄弟耶律曷鲁、妻族的萧敌鲁等人任侍卫亲军的首领。阿保机还设立了专门管理皇族事务的宗正官，即惕隐，由自己的弟弟耶律剌葛担任此职，以稳定家族的内部团结，整顿皇族内部的混乱局面。

在确保了自己的安全不受威胁之后，阿保机开始了拉拢人心的工作，确立自己家族在社会上的地位。为了发展经济，阿保机在炭山北面建羊城，用于与南方政权进行贸易。在草原地区建立城镇、寺庙以安置被俘的汉人和僧尼，同时广建碑铭以张大功德，树立个人的权威。在契丹贵族内部，为了给自己取代遥辇氏的行为披上合法外衣，他提升本家族居于遥辇九可汗族人之后为第十帐。为了笼络自己的支持者，他大大提高了自己妻子述律氏的家族势力，任命妻兄萧敌鲁做了北府宰相。

祸起萧墙：来自家族内部的汗位竞争者

随着阿保机多年的对外征伐、对内调整，可汗在整个社会中的权力越来越大。慢慢地，不只是阿保机越做越上瘾，其他人也开始向往着这种至高无上的感觉了，契丹汗位就这样令越来越多的人眼红起来。按照契丹社会的世选制，当汗位转入耶律氏家族之后，凡耶律家族的成年男子，只要有能让部众信服的能力和功绩，都有机会成为下一任的可汗。阿保机那些已经成年的叔叔和弟弟们均有一定的战功和实力，所以其中大部分人都在做着可汗梦，眼巴巴地等着可汗的换届选举。

阿保机要完成划时代的社会变革，必须冲破世选制的束缚，成为旧制度的掘墓人。诸弟要夺回这一职务，则必须借助于传统，所以那些曾经跟阿保机站在同一阵营，把象征旧势力的痕德堇可汗推下台的人们，这一次为了维护传统，而站到了阿保机的对立面。从阿保机担任联盟可汗的第五年开始，争夺联盟领导权的斗争便在他与诸弟之间展开，这就是契丹历史上的"诸弟之乱"。

兄弟们的叛乱一共有三次。

第一次发生在公元911年，这年的五月，剌葛、迭剌、寅底石、安端策划谋反，安端的妻子得知后，马上报告了阿保机，阿保机于是提前一步拘捕了谋反的弟弟们。史书上说，阿保机念及兄弟之情，不忍心杀掉他们，就跟他们一起登山杀牲向天发誓说，在下一次可汗改选大会上自己保证会交出汗位，然后赦免了他们。真实的情况很可能是，阿保机拒不交出汗位，本来已经是理亏的事情，如果杀了这些人，就等于公然向契丹原有的社会制度挑战。毕竟在这时，阿保机还不具备足够的经济和军事实力来抗衡整个契丹族。在没有把握的时候，选择退让，实际上是给自己留有余地。此时，双方各让了一步，矛盾得到了暂时的缓解，大家都在等待着第二年的换届选举。

到了第二年，阿保机又借口军事繁忙而拒不参加换届大会。耐不住性子的兄弟们又在于越辖底的带领下，再次反叛。这一次除了原来的几个人外，新被任命的惕隐滑哥也参加到反叛的队伍中。这年的七月，阿保机征伐术不姑部，让剌葛领兵攻打平州（今河北卢龙）。剌葛攻陷了平州以后，立刻调转矛头，领兵阻挡阿保机的归路，想强迫他召开可汗的改选大会，交出象征可汗权力的旗鼓。大敌当前，阿保机没有硬拼，而是领兵南下赶在众兄弟之前，按照传统习惯举行了烧柴告天的仪式。按照契丹习俗，谁行了这个"柴册礼"，谁就是合法的可汗，无论这个人是不是被众人推举出来的。这样一来，阿保机就得以合法地连任，也使众兄弟没有了反叛的根据。阿保机兵不血刃地平息了一场叛乱，体现了他超群的智谋。第二天，诸兄弟纷纷派人来向阿保机请罪，阿保机也就不再追究，只下令让他们悔过自新。当实力对比相当的时候，谁先占了"理"，得到了舆论支持，谁就是胜利者。在这一次平叛之后，阿保机为防范来自迭刺部的威胁，任命耶律曷鲁总管军国事，并担任迭刺部的夷离堇，剥夺了耶律氏旧贵族对强大难制的迭刺部的控制权。

但是，可汗宝座的诱惑究竟比兄弟之情要大很多，当兄弟们意识到传统的约束已不能令阿保机就范时，双方的对抗终于发展为武装冲突。可汗改选大会召开不足半年，兄弟们就在913年的三月再一次反叛。这次发生了较大的武装冲突。参与这次武力争夺的主要人物都是世里氏家族成员，包括阿保机的母亲宣简皇太后萧氏、妹妹余庐睹姑、养子涅离衰和契丹大巫神速姑等。他们先商议好拥立刺葛为新可汗，自备旗鼓，然后派迭刺和安端假装去朝见阿保机，想伺机劫持阿保机去参加他们已经准备好的可汗改选大会。除了本部落外，乙室部落的贵族也参加进来。

阿保机发觉了他们的阴谋，首先依靠自己的武装力量，战胜了迭刺和安端，收编了他们的一千名骑兵，然后亲自率领部队追剿刺葛。就在这时，刺葛派的另一支部队在寅底石的率领下直扑阿保机的行宫，焚毁了辎重、庐帐，还夺走了象征可汗权力的旗鼓和祖先的神帐。当时阿保机精兵倾巢而出追击刺葛，只留下妻子述律氏及她的部分亲兵看守大帐。幸好述律氏也是个不让须眉的巾帼英雄，她领兵拼死抵抗，等到援军来后又派人追赶，但也仅仅是追回了旗鼓，反叛者们还是逃走了。阿保机领兵北上追击刺葛，他先派人在前面埋伏堵截，前后夹攻。这一次，侍卫亲军发挥了重要作用，最终将刺葛打败，刺葛将夺去的神帐丢在了路上仓皇逃走。阿保机没有继续追击，而是在土河秣马厉兵休整，因为他知道刺葛的部下不久便会思念家乡，等到士气低落无心恋战时再出兵，会不战而胜。五月，阿保机领兵进击，终于擒获剌葛。此时的阿保机已经确定自己的实力远远胜过反叛者了，武力镇压是最快最直接的解决方式。

经过三次平叛，阿保机基本消灭了本家族的反对势力，为建国称帝扫清了障碍。之后他重新任命了迭剌部的夷离堇和惕隐等官，判处参与叛乱的 300 余人死刑，对参加夺权活动的亲兄弟们，首犯剌葛和迭剌处以杖刑，寅底石、安端等从者释罪不问。但这次反叛对本部落的经济造成了很大的破坏，民间原有上万匹马，而现在百姓出门都要步行了。

以退为进：主动辞职的大可汗

觊觎汗位的，远不止阿保机的兄弟们。只是苦于没有足够的军事、经济实力与迭剌部抗争，其他七个部落才一直隐忍着自己的权力欲望，连续多年的汗位之争，使迭剌部的势力受到了削弱，他们开始觉得，自己的机会来了。

于是迭剌部以外的七部中的守旧势力，趁阿保机征讨黄头室韦时，开始密谋将其赶下台。就在阿保机率军作战归来的途中，他们以恢复旧的可汗选举制度为旗号，陈兵境上，要其"如约"下台，让出可汗之位。大军在前，阿保机只好先交出旗鼓，答应退位，他对众人说："我在可汗之位九年，下属有很多汉人，我想自己领一部治理汉城，不知这样可否？"众人也担心阿保机回到原居处可能举兵再起，听说他要另起炉灶，自然也都同意了。

寡不敌众的阿保机辞去可汗之职，带着迭剌部和契丹部落中先后被掳掠或归附而来的汉人迁徙至滦河一带。在这里，阿保机采纳汉族谋士的建议，模仿汉地建起了一座城市，率领汉人春种秋收，再加上当地出产盐铁，经济很快发展起来。经过一段时间的休养生息，迭剌部的军事实力和人口数又雄居契丹八部之首。

契丹族以游牧为主，生活必需的食盐一向无法自给，此时的其他七部都要由迭剌部提供食盐。述律平抓住了这个机会，向阿保机提出了一个将挡路者一起斩草除根、自己东山再起的主意。这个主意立即被付诸实施。阿保机首先向七部首领提出建议："我的统治区内有盐池产盐，经常供给各部落，但大家只知道吃盐方便，却不知盐池也有主人，你们理应来犒劳我和我的部下们。"麻痹大意的七部首领果然定下一个日子，带着牲畜和酒齐聚迭剌部饮宴。就在客人们喝得醺醺然、宴会气氛最热烈的时候，早已安排好的伏兵一拥而上，所有来宾都不由分说地被杀死。这就是契丹历史上著名的"盐池之变"。契丹部落联盟中所有的阿保机反对者，在述律平导演的这一场契丹版"鸿门宴"之后几乎荡然无存。此后，阿保机顺利地统一了契丹八部。

除掉内外的反对势力之后，阿保机在公元916年正式称帝、建国，国号契丹，建元神册。契丹的国号有过几次变动：947年改成辽，983年又改为大契丹，1066年改成大辽，此后未再更改国号，直到 1125 年被金所灭。有的书中为避免混乱，就通称契丹为辽。

阿保机在一步步扩大帝国势力范围的过程中，得到了堂兄耶律曷鲁、妻子述律氏家族，以及一大批汉族谋士的支持。

从整个建国过程可以看出，有一个人的韬略决断、远见卓识是绝对无法抹杀的，这个人就是阿保机的妻子述律平。阿保机自称"大圣大明天皇帝"，自然也没有忘了支持自己的妻子，册封她为"应天大明地皇后"。并立长子耶律倍为太子，彻底废除了部落世选制，确立了皇位世袭制。他完善了护卫制度，创"斡鲁朵"（宫卫）制，培养特殊的皇权侍卫，"入则居守，出则扈从"。

耶律曷鲁，是契丹帝国的开国功臣之一。他是阿保机的堂兄弟，生性憨厚，是阿保机最忠实的支持者和最贴心的朋友。阿保机还在做挞马狨沙里时，每遇到军国事，一定会与曷鲁商议。之后，又是曷鲁极力推奉，把阿保机送到了契丹可汗的位子上。阿保机继可汗位，用曷鲁总军国事，让他与妻兄萧敌鲁总领"腹心部"亲兵。诸弟叛乱时，耶律曷鲁坚决地站在了阿保机一方，并帮助其进行武力平叛，后来因其平叛有功，被封为"于越"。神册三年，耶律曷鲁病逝在上京城中。每论及辅政功臣，阿保机总是无限感慨地称曷鲁为"心"。

在辅佐阿保机的人群中，还有无法忽视的一批人，这就是汉族知识分子。他们有的是为了躲避战乱来到契丹，有的是中原政权的降将，有的则是战争中被掠夺来的奴隶。他们对阿保机政权的巩固，特别是对他称帝建立契丹国起了重要的作用。同时，他们还帮助阿保机建立了各种政治制度，教他如何利用汉人从事生产，促进经济的发展。

例如韩延徽，他曾经是后唐节度使刘守光的幕僚，奉命出使契丹，见到阿保机，却不行礼朝拜，这种大不敬的举动使得阿保机十分震怒，扣留并使之牧马。阿保机的皇后述律平见到这种情况，劝阻道："韩延徽奉命出使我国，是个贤明的人才，为什么要难为和羞辱他呢？"阿保机于是将其召回，并与之讨论天下事，交谈之中发现韩延徽的见解十分独到，很符合自己的心意，于是就命他做谋士，很多事情都去问他的意见，让他参与军机筹划。契丹建国后，韩延徽请求建筑城郭，"分市里（建了城以后，区分出市场和里坊）"，用来安置降辽的汉人，又为其定配偶，传授垦艺，这对辽地开发起了重要作用，也稳定了对所属汉人的统治。太祖初年，韩延徽又为契丹确立了各项制度，正君臣，定名分，加速辽封建化的进程。

契丹部族并没有成文的法律，而是采用习惯法来裁决族内的争端，也就是说，当有诉讼时，由本族内德高望重的人出面按照习惯来解决问题。阿保机称帝后，在汉族知识分子的协助下，健全了法制，制定契丹第一部法典——《决狱法》，使契丹帝国从此以后有法可依；并本着"因俗而治，得其宜"的原则管辖各民族，中央官制分南北，"（北面）以国制治契丹，（南面）以汉制待汉人"。

在文化上，阿保机任命耶律突吕不组织人力，创制了契丹大字，并大力吸收汉文化，兴建孔子庙、佛寺、道观等。从这一时期开始，草原上不再只有随处迁移的毡帐，而是多了一个个定居的城市、村落。

剑指东北：冒进南下，争雄失败后的战略选择

契丹帝国建立时，分散游牧于漠北草原的各少数民族部落和契丹比起来，势力都很小，并且都没有形成统一的力量。东邻的渤海也已经大大衰落。当时契丹帝国的南面，朱温取代唐朝建立了后梁，虽然名义上是个统一的王朝，但是，由于朱温这个帝位来得并不那么光明正大，故而当时没有几个人真正臣服于他。再加上朱温也没有能力改变"安史之乱"之后已经根深蒂固的藩镇割据现象，可以想见，拥兵反抗者大有人在。河东的李克用、李存勖父子就一直与之对抗，长期交战。

这些割据中原的藩镇，给阿保机提供了向中原发展势力的契机，也刺激了他向南扩张的欲望。阿保机一直致力于建立一个南到黄河、北至漠北的北方大国。为此，他首先把矛头指向了南方。就在契丹建国的第二年，李存勖率军进攻后梁，征兵新州（今河北涿鹿），激起当地军民的不满，新州将领卢文进遂兵变降辽，并乞求契丹的军事支持。这给契丹提供了一次绝好的南下机会，阿保机于是领兵对中原发动了第一次战争——新州、幽州之战。

卢文进与契丹兵进攻新州，击败后唐大将周德威，并乘胜围

攻幽州达半年之久。后来，唐将李嗣源的援兵到达，阿保机在李氏援军的强大攻势下被迫撤军，但仍以卢文进为幽州留后、卢龙节度使，令其常居平州，守住契丹南下的一个重要通道。这一战虽然以阿保机的失败而告终，但却打开了契丹帝国南下中原的一道门户。

不久，镇州防御使张文礼杀死成德节度使王镕，自请为成德军留后，由于其与晋王李存勖有隙，于是向阿保机求救，一同对付李存勖。义武节度使王处直也遣儿子王郁北上求契丹出兵解镇州（今河北正定）之围，这又给契丹提供了一次插手中原事务的机会。阿保机第二次"受邀"南下中原，攻陷涿州（今河北涿州）后进兵围困定州（今河北定州），和李存勖在沙河及望都（今河北望都）一带展开拉锯战。当时正赶上少见的大雪，下了十来天，地上的雪厚达数尺，契丹兵马粮草奇缺，伤亡很大，阿保机见损失惨重只好撤兵。这一役虽然李存勖获胜，但阿保机的指挥才能和契丹军队严明的纪律令能征善战的李存勖赞叹不已。阿保机先后应卢文进、张文礼之约，参与中原割据势力间的争战，虽不曾取胜，却日益明确了向中原扩张势力的军政目标。

述律平的才能，不会因为已经贵为国母而被隐藏起来，相反地，她越来越不满足于做丈夫背后的女人，于是不失时机地走向前台。对于丈夫两次南下，述律平是持反对意见的，她曾劝说过阿保机："我们不能如此穷兵黩武，幽州如今实力雄厚，硬打不但难以取胜，更有可能使我们自己一败涂地。"阿保机也曾听从述律平的意见，暂时取消出兵的计划。

但是述律平不出兵汉地，并不代表她是和平主义者，只不过是她懂得审时度势，知道一口吃不成胖子，这是从自己国家的现状出发做出的抉择。她建议阿保机现实一些，先荡平周边的小部族，尽可能地多占领土地、人口，积累更多的实力。阿保机并不甘心放弃逐鹿中原的行动。神册六年十二月，义武节度使王处直之子王郁来到契丹。王郁百般游说阿保机攻打河北，阿保机被说得心花怒放。虽然述律平百般劝阻，他终于还是忍不住兴兵南下，结果惨败而回。经此一役，阿保机吸取了教训，对述律平的眼光十分信服，于是转而开始对周边小部族如党项、吐谷浑、阻卜、突厥等部用兵，果然势如破竹。势力范围越来越大的契丹国威赫赫，远近小国纷纷前来进贡。

两次南下失利，这对刚刚建国的契丹来说是个严重考验。为了内部的稳定，在皇后的建议下，阿保机及时调整了战略方向，打算先征服北方的游牧部落，攻下东北的渤海国，消除两侧的威胁之后再全力南下。

他召开贵族大会，对军事征伐做出了新的部署。又召皇后、皇太子、大元帅及二宰相、诸部头领等总结了此前个人的征伐活动，最后说："然未终两事，岂负亲诚？"所谓两事，即征服草原诸部和渤海。之后他亲率大军西进，征讨吐谷浑、党项、阻卜等部落，兵锋北至乌孤山（肯特山）、回鹘城（今蒙古国鄂尔浑河流域）、西抵浮图城（今新疆吉木萨尔北破城子），还抓获回鹘都督毕离堇，回鹘乌主可汗只得派使臣纳贡谢罪。契丹帝国的铁蹄踏平了北至胪胸河、西达阿尔泰山的广大地区，这次西征大大扩展了国土面积，为日后草原各游牧部落同帝国政治关系的确立奠定了基础。

次年，他宣布"所谓二事，一事已毕，惟渤海世仇未雪，岂宜安驻！乃举兵亲征渤海"。渤海是东北地区的一个区域性的民族政权，政治和文化都在北方各民族之上，素有"海东盛国"之称，但当时的国力已经下降。阿保机集中全部兵力攻下了渤海国的西部重镇扶余城（今吉林农安县），然后又围攻其首都忽汗城（今黑龙江宁安东京城），国王不敌，率领几百名大臣开城投降。渤海全境不久统一，阿保机将渤海改为东丹国，意即东契丹国。让皇太子耶律倍任东丹王，管理东丹事务。这样，阿保机就将势力扩大到了渤海沿岸。同时，阿保机又在黑龙江和乌苏里江流域广置官府，实施管理。从这一时期开始，中国的东北地区，才真正纳入中华版图中来。这对当地经济和文化的发展，促进各族人民的交流都有极其重要的作用。但不幸的是，在回师途中，阿保机病死于扶余城，终年55岁，谥号升天皇帝，庙号太祖。

第五章
要草原还是要耕地——皇位之争背后的文化角逐

刚刚在蒙古草原站住脚的契丹人，还没来得及充分享受胜利果实，就因为阿保机的英年早逝陷入尴尬：皇长子耶律倍是坚定的汉文化笃信者，太后述律平则奉行草原本位主义。要传统还是要汉化成为皇位角逐的关键。男人们迟疑不决，女人只好走上前台，用断腕指定了她心仪的继承人。

皇位需要继续选举吗：没有法定继承制度的尴尬

阿保机征渤海成功，终于完成了他最大的两个心愿。也许真的是人生从此再无追求、生无可恋，在班师离开忽汉城，军队刚刚走到扶余时，这位帝国的开国皇帝还没来得及交代自己的身后事，就急病升天了。

皇帝去世后，谁来继承这契丹帝国的皇位，成了当时统治集团内部亟须解决的问题。如果在一个封建制度完善的王朝中，也许不会有这样的争议。在封建王朝里，嫡长子继承已经是相当成熟的制度。但是，契丹帝国刚刚建立，部落世选"贤者"的意识还在社会中有一定的残存。于是，在太祖的继承人中，是立长还是立贤，就在这个时候被拿出来讨论了。

根据史书记载，阿保机与述律皇后共有三个儿子：长子耶律倍、次子耶律德光和三子耶律李胡。三个儿子自小就表现出很大的差异。阿保机为了考验三个孩子，曾让他们在一个风雪交加的日子分头出外去捡柴，结果三子的表现完全不同。长子倍精选了干燥且长短相近的柴草，捆扎得整整齐齐背回家。次子德光则是将出门之后见到的柴草不加选择地统统背了回去，虽然"卖相"没有兄长带回来的好，但速度却快了很多。三子李胡的表现最让阿保机失望，他怕冷嫌累，只是出门随便捡了几根敷衍了事。阿保机最后得出结论：耶律倍和耶律德光各自具有独特的优势，一个力求完美，一个目标明确，都是可任大事之人；而李胡毫无责任心，较两个兄长差得太远，难有成就。

因此，在太祖皇帝骤然病故之后，角逐皇位的人选，除了长子耶律倍之外，还有二儿子耶律德光。就当时的情势看，这两人都拥有引人注目的能力与功绩，而且也各有自己的一批支持者。

长子耶律倍，是汉文化的笃信者，敬仰孔子与儒家学说。据记载，阿保机曾与他讨论何为中国传统文化，是佛教还是儒教？耶律倍毫不犹豫地回答"是儒教"。在耶律倍的影响下，阿保机登基后，首先建孔庙，并多次派耶律倍主持祭孔仪式，以示对中国传统文化的崇敬。除了尚孔，耶律倍还博览群书且喜欢藏书，对于阴阳、医药、音律等也颇有研究，尤其是在绘画方面的造诣颇深。

史书上说，他最喜欢描绘的题材是本族人的骑射、鹿群、踏雪等生活场景，一些作品甚至被收进了宋朝的大内秘库，宋徽宗就常常把他的画当成学习的样本。由于受儒家文化影响较深，耶律倍待人宽厚，办事认真。阿保机在称帝之后，借用古老传说中三皇的名称，分别以天皇帝、地皇后和人皇王作为自己和妻子、长子的尊号，以此确立权威。包括耶律倍在内的大多数人认为，阿保机的用意是期待耶律倍在父亲身后接过所向披靡的军队，再以一个博通经史的儒者风范在皇帝的宝座上指点江山。而且，在当时的契丹帝国中，汉族官僚日渐增多，汉化势力显然更希望这位"亲汉"的皇子继承皇位。

次子耶律德光，契丹的名字为尧骨，自幼英勇善战，常年随父亲南征北战，在 20 岁的时候就做了契丹帝国的天下兵马大元帅，阿保机对他寄予的希望很大，在阿保机的三个儿子当中，他和长子耶律倍都很受阿保机的喜爱。但耶律德光更像他的父亲，在阿保机四处征战时，耶律德光都跟着出征，因此立功甚多。

顺便说一句，在这时，三子李胡没有被列为继承人选，主要的原因还不是他的无能。平心而论，古今中外，无能的皇帝倒也不少。想来他没有入选的原因，大概主要有两方面，其一是年龄问题，阿保机逝世时，李胡刚满 16 岁，帝国事业刚刚起步，正是南征北战的重要时期，将皇位交给一个尚不够成熟的人，并不是明智之举；另一个原因，大概就是李胡的人品有一定的问题。这个人只是无能也就罢了，还很残暴，尤其是对待下人，动辄取其性命，这样一个人做皇帝，显然不是臣子们希望见到的。

为草原，更为揽权：以右手殉夫的皇太后

就在契丹帝国政权交替出现空当之际，地皇后述律平在关键时刻起到了举足轻重的作用。在契丹建国的过程中，述律平就是一个开国元老级人物，而在皇位继承方面，她的作用简直是决定性的。因为游牧民族对女性参政的限制不像中原王朝那样严格，再加上述律后的能力与实力，使其与天神化身的阿保机一起拥有至高无上的地位。尽管以天、地、人皇的顺序来看，阿保机的长子耶律倍似乎更有理由继承皇位，但最终的继承者，却是由这位地皇后指定的人选——耶律德光。

述律平一共生了三子一女，按照耶律氏和萧氏家族世代联姻的部落习俗，述律平的女儿质古公主嫁给了自己的亲弟弟、公主的亲舅舅萧室鲁；而述律平的三个儿子就是我们刚刚说到的倍、德光和李胡。

在阿保机去世后的第八天，述律平宣布，主少国疑，由自己临朝称制代行皇权。实际上那时候的突欲（耶律倍）已经28岁了，无论在什么时代，都已经是成年人了。临朝称制后的述律平，开始不遗余力地铲除她认为可能会妨碍自己"保权"大计的"异己"。丈夫刚死，她便将掌握重权的阿保机旧臣都召集了起来。这一次简

短的、临时的召集在《契丹国志》里留下了精彩的"会议记录"。

后（述律平）问："汝思先帝乎？"

众答曰："受先帝恩，岂得不思！"

后曰："果思之，宜往见之。"

众臣这样的对答，在那个"君为臣纲"的时代是最正规的回答。只是所有的大臣都没有料到，这个问答题的背后，居然会引出述律平这样打蛇随棍上的决定。但事到如今，他们已是悔之晚矣。坐在高处的述律平轻轻松松的一句话，就把这群曾经跟随阿保机出生入死的文武重臣，送进祖陵去陪葬了。

对于这段杀戮，在史书里还有另外一个版本。据说当时述律平把旧臣的家眷召到自己面前，面对女人们，述律平说了一句很经典的话："我如今寡居，你们也应该效法我！"随即下令把这些女人的丈夫全部扣留，杀了给太祖皇帝陪葬。不管到底是怎样的问答，总之，述律平是用最血腥的方式，进行着排除异己的活动。

此后，述律平的杀戮还在陆续进行。凡是被她怀疑的官员贵戚，她都随便找件事情对此人道："为我传话先帝。"然后便将其拉到阿保机牌位前杀掉了事。而对有些功勋盖世的元老大臣，述律平的这一招就有些不好用了。于是她就让人散布流言，然后以流言为罪，给他们扣上帽子，撤职的撤职、处斩的处斩。这其中包括创制契丹文字的耶律突吕不、祖父对阿保机有救命之恩的耶律铎臻、为契丹开疆拓土的耶律迭里，等等。

述律平为一己私欲而滥杀功臣的行径，使得从前归附阿保机的汉人官员大有朝不保夕之感。契丹官员无处可逃，汉族官员还有故国可奔，自然不愿留在契丹遭殃。于是在很短的时间内，前后两任卢龙节度使卢文进、张希崇先后带着数以十万计的兵士、辎重逃归后唐去也。

让述律平停止杀戮的，是她一向认定"奸诈"的汉官。这个人就是原平州刺史赵思温，一个在幽州战役中向耶律德光投诚的汉人。照理说他当初归附的是耶律德光，实在划不进被铲除的名单中。但是不知述律平哪里看他不顺眼，还是找上了他，也要他去"侍奉先帝"。

赵思温虽是骁勇的武将，但不像那些一根肠子直到底的契丹官员，他站起身来，当着满朝文武向述律平发问："先帝亲近之人莫过于太后，太后为何不以身殉？我等臣子前去侍奉，哪能如先帝之意？"

正当众人等着看述律平哑口无言、承认过往之非的好戏之时，众目睽睽之下的她却立刻做出了反应，回答道："儿女幼弱，国家无主，我暂不能相从先帝。"紧接着，她挥动佩刀，毫不迟疑地将自己的右手齐腕砍下，命人将这只手送到阿保机墓中代自己"从殉"。

吃了这场亏之后，述律平排除异己的行为收敛了许多，连赵思温都放过了。随后她在上京兴建义节寺、断腕楼，为自己斩手殉夫之事树碑纪念。

然而这位太后顷刻间自断手腕的狠辣劲头，却比她从前逼别人殉葬更具杀伤力，从此再也没有人敢对这位述律平的意见有异议了。这时，述律平终于决定不再"摄国政"，决定把权力"交给"儿子。

但是由谁来接班最合适呢？也许是尚孔亲汉的原因，三个儿子中述律后最不喜欢耶律倍。从述律后摄国政时期，以及太宗在位期间她的作为来看，她关注传统的草原经济，更关心契丹贵族的利益与传统，对于汉臣和汉人的农业经济、文化，她尽管会借用，但并不愿其势力过大而影响到契丹民族自身。

耶律德光是述律平比较中意的继承人人选。其原因是次子德光虽然文采有限，但是武略出众，这一点很合述律平的胃口。而更合她胃口的，还得数德光的婚姻——他迎娶的恰恰是述律平的女儿、德光的同胞姐妹质古与述律平的弟弟、德光的舅舅萧室鲁所生的女儿萧温，即述律平的外孙女兼内侄女。可以说，耶律德光继承王位，对自己家族势力是最大的保护，同时，也是述律平继续掌控契丹帝国的最佳方式。

于是，天显二年（927）十一月，25 岁的耶律德光在传统的燔柴礼之后，于宣政殿正式即契丹帝位，是为辽太宗。阿保机之母萧岩母斤被尊为"太皇太后"，述律平被尊为"应天皇太后"，她的外孙女萧温则被舅舅、丈夫册立为皇后。

后来的事实证明述律平的选择是正确的。耶律德光在位期间，确实对契丹帝国的贡献很大，在许多方面都促进了契丹政治和经济的发展。政治方面他完善了从阿保机开始的北、南官制，并使之系统化。他还继续扩大领土，使契丹走向强盛。德光在位期间，契丹的农业也有了较大的发展。此外，契丹本民族的文化也发展到了一个很高的水平。

小山压大山，大山全无力：抛弃故国的皇太子

当渤海国被征服后，阿保机在这个位于东方的国家故地上建立了东丹国，封耶律倍为东丹王，名其城曰天福，命其专统一方。耶律倍袭天子冠服，建元甘露，置百官，仿依汉制建立了东丹王国。

人皇王耶律倍得到了这片富庶而繁荣的土地，却从此失去了继承父亲事业的资格。关于其背后的原因有很多说法，有人说按照游牧民族的传统，长子在得到本部以外的领土后就自动放弃了即位的权力；也有人说述律后认为耶律德光更能振兴契丹的事业，在她的坚持下，阿保机让耶律倍前往东丹，正是有意让他远离政治统治的中心；还有人说耶律倍和渤海国带有过于浓厚的汉化色彩，一旦耶律倍以渤海国故地的人力和物力统治契丹，征服者和被征服者的角色就会从此倒置，这是坚持旧传统的契丹贵族所不愿看到的。不难发现，在这些说法的背后，述律后总在或隐或现地发挥着作用。

耶律阿保机死后的第二年十一月，祖陵正式完工，择良辰吉日入葬陵寝之后，耶律倍率领群臣向述律平请命："皇子大元帅（德光）勋望，中外攸属，宜承大统。"主动要求将契丹皇位让给母亲

喜爱的弟弟。

这时，稳操胜券的述律平反倒玩起欲擒故纵的把戏，她将中原王朝让位的把戏在契丹如法炮制了一番。述律平让两个儿子骑马并立，然后对贵族和官员们发话道："他们都是我的儿子，我对他们都一样喜爱。还是请大家为国选君，牵起你们心目中最合适的新帝的马缰吧。"早被述律平 16 个月的杀戮吓破了胆的众人，都知道述律平说的只不过是场面话，他们哪敢怠慢！纷纷争抢着去拉德光的马缰，太子只能孤零零地待在一边。这样的推选结果是显而易见的。述律平眼见达成目的，也就"顺从"民意了。

耶律德光继位之初，花了大量精力来巩固他的帝位。因为他是在母亲的支持下才得以继位的，尽管大部分反对他的大臣，都被述律后以陪伴先帝的名义送上了黄泉路，但是他的哥哥耶律倍却是一个心腹之患，他始终担心耶律倍会伺机篡夺皇位，因此寝食难安。

为了确保自身的安全，耶律德光加强了对军队的控制。他经常检阅侍卫亲兵、各部族及各帐军队，以此来充分控制军权，防止异己势力在其中渗透，从而在根本上巩固自己的权力。对于自己的亲哥哥，也严加防范。为了削弱东丹国的力量，他趁耶律倍离开属地前往京城的有利时机，强迁东丹国都至离契丹很近的东平郡（今辽阳），升东平郡为南京，并派出自己的卫士监视耶律倍的行动。对于耶律倍管辖的东丹国，耶律德光将那里的居民大量迁移到其他地方，曾经辉煌的渤海国故城和文化因此毁灭殆尽。这样一来，耶律倍实际权力就大大缩小了。为进一步防范哥哥，耶律德光又两次去耶律倍的府上，表面上做出兄弟和好的样子，实际上是进一步了解情况。在耶律倍住在京城的时候，他又乘机去东丹国，拉拢耶律倍的属下，为他充当耳目。等耶律倍和他的属下们要回东丹国时，他又抓住时机把耶律倍的属下们召进宫里设宴款待，其实也是为了进一步拉拢他们，分化耶律倍的力量。

为了保全自己，耶律倍只好韬光养晦，在西宫建起书楼，以读书的方式来排遣心中的不快，并作《乐田园诗》以消除弟弟的猜疑。但耶律德光依然不断施压，中原的后唐明宗李嗣源又数次派人带信给耶律倍让他去"做客"，权衡再三，耶律倍写下那首著名的"小山压大山，大山全无力。羞见故乡人，从此投外国。"（《立木海上刻诗》）的汉诗后，"携高美人，载书浮海而去"，想以这种方式为自己留下一个让贤的美名。耶律德光费尽心机，终于达到了目的。

或许契丹人的政治经验还没有汉族人那么多，也不懂得斩草除根的道理，毕竟是将哥哥逼走了，没有直接设阴谋将他杀死，耶律德光甚至还把耶律倍的儿子耶律阮留在身边视如己出，以至于其死后耶律阮"即皇帝位于枢前"，得了天下。阿保机当初也是如此，没有在兄弟们第一次反叛时将他们杀死，而是赦免了他们，直到后来才杀了一些人，但对于首犯并没有斩首，而是处以杖刑。

后唐明宗以天子礼仪欢迎耶律倍，又把后唐庄宗的皇后夏氏下嫁给他，先赐其姓曰东丹（因其曾为东丹王），后改赐为国姓李，又赐其名为"慕华"，又名"赞华"，并拜其为怀化军节度使。后来，耶律倍移镇滑州，遥领虔州节度使，可谓荣宠至极。然而，久居异国的思乡之情时时缠绕着他，"倍虽在异国，常思其亲，问安之使不绝"。

后唐明宗李嗣源死后，其子闵帝李从厚和李嗣源的义子李从珂发生内讧，结果李从珂杀掉李从厚，即位为帝，是为后唐末帝。李从珂猜忌李嗣源的女婿石敬瑭，终于将其逼反。为了能得帝位，石敬瑭以割让燕云十六州为条件，向耶律德光求兵马来扶持自己。耶律倍也在此时派密使向耶律德光建议，认为讨伐"篡弑"其君的李从珂，是契丹南下中原一个很好的理由，可见当时的耶律倍还是"身在曹营心在汉"的。耶律德光的契丹军队和石敬瑭的军队南北合攻，后唐末帝李从珂"心胆堕地"。也不知是吓傻了，还是觉得跟耶律倍关系太好，竟下诏召耶律倍来陪他一起玩火化活人升天。耶律倍当然不从，怎奈谁的地盘谁做主，李从珂一声令下，耶律倍就被一刀结果了，死时年仅 38 岁。

幸好，这位倒霉的皇子还有一个好运气的儿子，后来做了契丹帝国的皇帝，并在耶律德光去世后，追谥耶律倍为"让国皇帝"，庙号义宗。而在元朝历史上赫赫有名的耶律楚材，按家谱排下来，也是耶律倍的子孙，算是给他增光添彩了。

第六章
居间调停：契丹太宗的南下战术

五代时期的中国，就像一个大杂院。群雄割据，却都在一个围墙内讨生活。今天东家多占了一块地，明天西家多盖了一间房，战争因而此起彼伏。可是业主们基本势均力敌，谁也没有办法把对方赶出去，于是只好到院子外面寻找同盟军。与阿保机两度南下，铩羽而归相比，耶律德光的运气简直好得不得了，甫一即位，就有人送上一份大礼：燕云十六州加上一个乖儿子。条件仅仅是南下"调停"一下"邻里"关系。

与沙陀结盟：阿保机留下的宝贵遗产

前面说到，在赶走了自己的哥哥、巩固了帝位之后，辽太宗耶律德光开始继续父亲阿保机的事业——向南用兵，争霸中原。契丹从阿保机开始就想把疆土扩展到黄河岸边，进而拥有黄河以北的大片土地。但契丹帝国的南部，一直处在多个割据势力争夺的形势下，谁也不想把自己的地盘平白地送给别人，所以对契丹的南下一向都很抵触。

但这并不是说契丹没有逐鹿中原的机会，从战国时期开始，中国人就懂得合纵连横、远交近攻的道理。五代十国时期的中国，就像一个大杂院，虽然都在一个围墙内，却是各过各的日子；常因为东家多占了一块地，西家多盖了一间房而打得不可开交。业主们基本势均力敌，谁也没有办法把谁赶出去，却也忍不住想自己多得些利益。就这样，当发现自己需要借助外力才能打击对手的时候，大家纷纷开始在邻居中间寻找合适的同盟军。当然没有永远的朋友，共同的敌人被打败，这个同盟关系也就可能随之瓦解。契丹，在当时征战不休的五代时期，就是各家争抢着要拉拢的邻居，因为他是这个大杂院中住得最偏僻的邻居，没有人会觊觎他的地盘，也就不用担心契丹的胜利能够占到自己什么便宜。

太祖皇帝当年就多次受邀请南下武力解决邻居们的争端，但是同盟军太弱，对手又过于强悍，所以两次出兵都损兵折将，铩羽而归。

太宗皇帝充分吸取了父亲的教训，这一次邻家又起了争端，他在受邀进行武力调停时，很冷静地分析了当时的形势，在众多的邀请者中，最终选中了石敬瑭。让我们先来了解一下案情。

就在阿保机当上契丹帝国皇帝的同一年，他的邻居之一朱温也废掉了唐朝的末代皇帝，并自立为帝，建立了后梁政权，这是五代时期的第一个政权。这时的中央名义上是全国的共主，实际上，朱温真正能控制的地方仅仅是河南和山东。中国北部的其他地方，如河北、关中、山南（秦岭以南，相当于湖北北部和陕西的汉中地区）、朔方（陕西北部和宁夏），均为大大小小的军阀所控制，他们中的大多数仅仅是在名义上服从后梁，甚至有些地区还在奉唐朝正朔，公开反对朱温政权；南方更是割据林立。

当时最大的反对势力就是河东地区的李克用、李存勖父子。

算起来太宗皇帝应该叫李克用伯父的。这话说起来就有点长了。早在后梁代唐、朱温称帝的那一年，当时还是契丹可汗的阿保机就曾带着30万契丹军队越过长城，南下攻打边境城市云州（今山西大同）。不过，习惯了纵马奔驰的草原骑兵缺少攻城的战斗经验，云州坚壁清野，闭关自守，帝国大军攻城不克，于是只好灰溜溜回撤。

然而，契丹的这次南下并非一无所获，当时的河东镇节度使，也就是前面一再提到的沙陀酋长李克用听说阿保机来到，马上带着部属前来会合。双方结盟于境上，相约灭梁，李克用和阿保机结为兄弟。李克用给契丹布匹数万，契丹以马3000匹还礼。两个强势人物达成了一项政治交易。

李克用本来就是少数民族，自然不认为跟同为北方民族的阿保机结为兄弟有什么不妥。早在被唐逐入蒙古草原的时候，李克用就广交游牧部落，其中肯定也跟契丹族打过交道。虽然没有充分的资料证明他和阿保机在此之前有过联系，但是同为弯弓射雕的草原英雄，两人肯定互相知名，彼此惺惺相惜也完全可以想象。从李克用的角度来看，为了推翻后梁、自己称帝，和契丹搞好关系可以借其一臂之力，至少也可以稳定北方边防，消除后顾之忧。

太祖皇帝阿保机当时的想法，除了英雄之间的惺惺相惜，可能还有在邻居中寻找一个帮手的意思。毕竟这次南下失利，使得阿保机认识到，自己多年积累的作战经验，只适用于自己家门口，到了南方，需要补充新的知识。跟李克用这个邻居结成亲戚，是件有百利而无一害的事情。

当时李克用到代北，收集沙陀旧部，并乘机占领了河东地区，自称晋王，以河东为基地，厉兵秣马，准备和朱温争夺天下。可惜李克用并没活到战胜朱温的那一天。幸好他的儿子比朱温的后代不知道争气多少倍，李克用死后，其子李存勖替父亲完成了心愿，挥军灭了后梁，建立后唐。李存勖称帝，是为后唐庄宗，追认李克用为武皇帝，庙号太祖。后唐替代了后梁，却是换汤不换药，皇帝自己控制的地方不多，大多数地方诸侯仍然仅仅是羁縻。庄宗在位三年，成德镇（在今河北中部）军乱，乱军拥立李克用的养子李嗣源为首领，随后攻入首都，庄宗死于乱军之中，李嗣源即位，是为后唐明宗。明宗死后不久，凤翔镇军乱，明宗子闵帝被推翻，乱军推明宗养子李从珂为帝，是为后唐末帝。后唐政局一片混乱。

上层的混乱，助长了中下层骄兵悍将的跋扈。后唐末期，连李克用、朱温那样至少还能控制部下的强人都找不到了。藩镇的规模变小，将领的力量变弱。为了赢得军队的支持，各地军阀包括称帝的在内，无所不用其极地拉拢士兵。下层士兵一没有长远的政治理念，二没有严格的组织纪律，唯一的要求就是钱财。所以，这些以当兵为职业的军人朝秦暮楚，稍不满意，大者更帝易帅，小者劫掠府市。官兵当不下去，就纵入山林当强盗。就拿后唐末帝李从珂为例，他当上皇帝之后，为了讨好士兵，居然连皇后的首饰都拿出去犒赏军队。饶是如此，士兵仍不满意，一群乱兵洗劫了首都的市场，而皇帝连问都不敢问。

奉上大礼：慷他人之慨的"老"儿子石敬瑭

就在太宗皇帝扫平内乱、考虑帝国的下一步发展战略的时候，从南方来了一个名叫桑维翰的人，声称自己是代表主子石敬瑭来认亲的，想要认下太宗皇帝这个爹。太宗皇帝开始也很惊讶，可是这个桑维翰不愧是个饱学之士，生就三寸不烂之舌，硬是把一个错综复杂的关系分析得清清楚楚。

说到这个石敬瑭，其实也不是汉人，史载："石敬瑭，其先沙陀人也。"这个沙陀人是什么人呢？沙陀人，原是突厥—回鹘民族的一个分支部落，世代居住在沙陀碛（在今新疆境内），以游牧为生，于是以沙陀为族名。后来因为和周围的游牧部落争夺水草，战斗失利，向东迁移，投靠唐王朝，被安置在山西大同附近。沙陀人仍然保持着部落组织和游牧民族的生活方式，男孩生来不离马背，由全体成年男性组成的骑兵队在冷兵器时代颇具战斗力。

石敬瑭年轻时曾隶属于李克用的义子李嗣源帐下。当时正值后梁朱温与李克用、李存勖父子争雄，石敬瑭冲锋陷阵，战功卓著，并曾救李存勖于危难之中，李存勖曾拊其背而壮之，由此声威大振，在军中名噪一时。石敬瑭还数次解救李嗣源于危急之中，从而得到器重，逐渐成为李嗣源的心腹。李嗣源还把女儿永宁公主嫁给他，并让其统率亲兵"左射军"。这样说起来，石敬瑭就是李克用的孙女婿，刚好比太宗皇帝低了一辈；尽管年纪上有点出入，比太宗皇帝大了十多岁，但至少辈分没乱。

到后来，这个好女婿更是一手把自己的岳父扶上了皇位。当时魏州发生兵变，李存勖命李嗣源率军平叛，石敬瑭也一同出征。在魏州城下，李嗣源的部队也发生了兵变，与魏州的叛军合兵一处，拥李嗣源为主。李嗣源本想回朝请罪，石敬瑭却劝其夺取开封，以成就大事。李嗣源无奈，只得接受了这个意见。石敬瑭自告奋勇，亲率骁骑三百为前锋，抢占开封，又回兵渡氾水，直取洛阳。后唐庄宗李存勖为乱兵所杀，李嗣源顺理成章地入洛阳称帝，即后唐明宗。

石敬瑭为什么不去享受荣华，反而跑来认耶律德光为爸爸？其实他也是迫不得已，在自己家里被小辈欺负得实在待不下去，想求得太宗皇帝为自己出头。

由于石敬瑭在这次军事政变中立功颇大，后唐明宗任他为保义军节度使，赐号"竭忠建策兴复功臣"兼六军诸卫副使。当时，许多官将都不奉公守法，而石敬瑭却以廉政闻名，颇受明宗李嗣源褒奖。从此以后，石敬瑭以驸马兼立国功臣，职位逐年升迁，历任侍卫军马步都指挥使，河东节度使，大同、彰国、振武、威塞等军蕃汉马步军总管等职，负责抵御契丹南下，后来又被赐封为"耀忠匡定保节功臣"。

明宗死了之后，儿子李从厚即位，为后唐闵帝。当时凤翔节度使李从珂（李嗣源的养子）和河东节度使石敬瑭拥兵自重，割据一方。闵帝对他俩都不放心。为削弱他们的势力，有人给闵帝支了个"高招"，让二人对调。李、石二人自然很不愿意，李从珂比较沉不住气，在凤翔率先起兵反叛，领兵杀向洛阳。这次交锋，闵帝大败，仓皇之间仅率数骑出逃。路遇要去找李从珂商议"军国大事"的石敬瑭，闵帝的随将嫌石敬瑭不保皇帝，一言不合短兵相接，石敬瑭干脆将这些随从全都杀死，然后将闵帝幽禁起来，去向李从珂请功。最后李从珂派人将闵帝杀死，改元清泰，自立为帝，即后唐末帝。

这个李从珂本来姓王，李嗣源爱惜他的勇敢，将其收为养子，本来不是皇帝宝座的合法继承人，所以这个皇帝当得十分弱势，为了安抚部下，连皇后的嫁妆都拿出去犒赏军队。石敬瑭好歹也是个正牌的女婿，加之镇守的河东是当时最强大的藩镇之一，主弱臣强，双方都觉得不太安全。后唐末帝对石敬瑭猜疑颇大，石敬瑭亦疑心重重，二人矛盾日益尖锐。石敬瑭在参加完李嗣源的葬礼之后，害怕李从珂起疑心，不敢提出回河东，整天愁眉不展，再加上有病，最后竟瘦得皮包骨，不像个人样。妻子赶忙向母亲曹太后求情，让李从珂放石敬瑭回去。李从珂虽然不是曹太后的亲生儿子，但曹太后从小对他如同亲生一样，又见石敬瑭病成这样，估计难以构成什么威胁，于是就顺水推舟做个人情，让石敬瑭回到了河东。石敬瑭回去之后，日子过得也是提心吊胆，妻子有次回去参加李从珂的生日宴会，想早点回家，李从珂却醉醺醺地对她说："这么着急回去，是不是要和石郎造反呀？"妻子回来告诉了石敬瑭，使石敬瑭更加确信李从珂对他疑心很重，因为酒后吐真言嘛。

为防止以后有变，被弄得措手不及，石敬瑭决定试探李从珂，就假装上书辞去马步兵总管的职务，让他到别的地方任节度使，如果李从珂同意就证明怀疑自己，如果安抚让他留任说明对他没有加害之心。可惜李从珂没体会到石敬瑭的"良苦用心"，他听从了大臣薛文通的主意。薛文通说："河东调动也要反，不调动也会反，时间不会太长，不如先下手为强。"李从珂于是下令调石敬瑭去他处任节度使，这下刺激得石敬瑭不得不为自己考虑退路了。

当时，石敬瑭先装病不走，然后又要求李从珂让位给李嗣源的亲生儿子李从益，说李从珂是养子，不应该继承皇位。俗话说，"打人不打脸"，石敬瑭这样做，实在是让李从珂很没面子。恼羞成怒的李从珂下令罢免石敬瑭的所有官职，然后派兵讨伐，命张敬达领兵攻打太原。在这种形势下，双方之间的较量是难免的，而且按照乱世弱肉强食的竞争法则，失败者失去的不仅仅是权力和地位，同时也是生命甚至家族。李从珂先下令讨伐石敬瑭，出兵包围了太原，随即把石敬瑭留在首都的二子一弟一起杀掉。

对石敬瑭而言，谈论这场战争的正义与否毫无意义。或者打败对手自己当皇帝，或者死无葬身之地，投降或者妥协都是不可能的。当时的河东镇兵力并不占上风，想要取得胜利或者活下去，只能在邻居之中找一个帮手。环顾四周，能帮助他的，就只有北边契丹这个远亲了。所以，就有了前面说到的，太宗皇帝接见石敬瑭的使者桑维翰。

太宗皇帝听了桑维翰的述说，也觉得石敬瑭被"欺负"得很可怜。加上自己的多年经营，契丹帝国的国力逐年上升，太宗也想在邻里之间显示一下，于是爽快地答应了石敬瑭的请求，决定南下帮帮这位多年疏于联系的"亲戚"。

就在这时，半路竟然杀出了个"程咬金"，要求太宗皇帝不能偏听偏信石敬瑭的一面之词，这就是赵德钧、赵延寿父子。

赵氏父子也不是简单的人物。小说《杨家将》是这样描述的：有一个辽国的汉官，名字叫作"韩延寿"，是个阴险狡诈之徒，迫害杨家父子的坏事件件有他。他的名字也大有文章。"韩"取自"韩德让"，韩德让是契丹著名的汉族官员，在契丹中期的历史及辽宋战争中都起到了举足轻重的作用，在后面的章节中，我们还要详细地说到他；而"延寿"就是这里要说的赵延寿。这两个人在小说家眼中，都属于"卖国贼"一类。

细论起来，赵延寿和石敬瑭还是"连襟"。他原本也不姓赵，而姓刘，出生在今天的河北正定地区，父亲是当地的一个小官，殷实生活过了没几年，家乡就被卷进了战火中。沧州节度使刘守文占领了那里，父亲死了，母亲种氏被刘守文的手下赵德钧抢去做妾。小时候的赵延寿长得异常清秀，而且聪明伶俐，招人喜爱，又能作诗，他有两句诗在当时被人们广为流传，就是"占得高原肥草地，夜深生火折林梢"。赵德钧对这个"拖油瓶"也非常偏爱，将他收为养子，于是他便改姓为赵。

在刘守文被刘守光打败之后，赵德钧投降了刘守光。但他对刘守光的所作所为看不惯，觉得在他手下做事没有什么前途，于是就偷着跑了出来，归附了李存勖。李存勖很器重他，让他领兵参加了灭梁战争。赵德钧立下大功，被李存勖任命为北方重镇幽州和沧州的节度使。

赵延寿跟随养父长大，又被明宗李嗣源看上了，将自己的女儿嫁给了他。从此赵延寿开始飞黄腾达起来，官职不断跃升，一直做到枢密使，并兼任徐州节度使。

赵德钧也因为养子的关系，成了李嗣源器重的大臣之一。但赵德钧还是有一些政绩的，他驻守幽州长达十几年，将幽州治理得井井有条，为后唐有效地防御了契丹的攻击。明宗对他很满意，加封他为北平王。可以说，赵氏父子在当时是朝廷非常倚重的一支军事力量。

上面我们说到李从珂当了皇帝，与石敬瑭的矛盾逐渐加深，最后逼反了石敬瑭。石敬瑭的部队将后唐的军队围困起来，统帅张敬达向朝廷频频求援，李从珂便派赵德钧、范延光和符彦饶分兵三路火速增援张敬达，并命赵延寿随后跟进配合。在增援张敬达的三路兵马中，赵德钧的战斗力最强，但他却讲起了条件，李从珂任命他统帅三路军队，他还不满意，又得寸进尺地提出了过分要求，要李从珂任命他的养子赵延寿为镇州节度使，而且要李从珂允许他把自己的军队和范延光的混编，由自己一人直接指挥，实际上是打算吃掉这支部队，扩大自己的势力。

赵德钧这种乘人之危的小人行为让李从珂勃然大怒，立即派人通知范延光小心防备赵德钧；对赵德钧让赵延寿做镇州节度使的要求，李从珂不但没有答应，还命令赵延寿马上进兵增援前线。李从珂对大臣们说："赵德钧父子俩不思报国，反而在国难当头之际强取官职，真是可恨！如果他们真能退敌立功，我甘心将帝位让给他。他现在竟这样目无君王，大胆要挟，到最后只会是犬兔一起完蛋！"

见李从珂不吃这一套，赵德钧干脆一不做二不休，将目标投向了契丹。他派人给太宗皇帝送去大批财物，希望太宗能支持自己南取后唐京都洛阳，自立为帝，建立一个"以契丹为兄弟"的国家。

这时的太宗皇帝，忽然想起了自己父亲南下失败的经历，也觉得对邻居之间的纷争，应该慎重地选择支持对象。尤其在赵氏父子也找到自己之后，太宗更清楚地发现，自己是左右邻里格局的关键。这次出兵，不但可以帮亲戚出口气，还可以为契丹帝国谋求更多的政治利益。

事实上，帝国在此时出兵南下，已经势在必行，就连一向反对过多干预中原事务的述律太后，都对这场战争乐见其成。当时中原各政权之间纷争不休，是帝国南下的最好时机。太宗皇帝知道这一点，所以才同意出面，做邻居间的武力调停人。石敬瑭和赵德钧当然也清楚这一点。所以，既然契丹必然要出兵，那么帮人也只是一个"名义"罢了，不过是为了让自己的南下能够师出有名。这时的石敬瑭和赵德钧，尽管是二进一的单选，但是无论哪个答案，于此次出征来说，都不会有影响。太宗考虑的只是谁可能更有"前途"。

正当太宗在这二人之间犹豫不决时，消息传到了后晋，石敬瑭闻讯大为惊惧，急令掌书记官桑维翰两次求见辽太宗。桑维翰跪于太宗帐前，自旦至暮，涕泣不立，苦苦哀求契丹放弃赵德钧。

太宗经过慎重考虑，也觉得石敬瑭是合适的人选。一方面，石敬瑭在当时还算一个"受害者"，而赵氏父子则纯粹是乘人之危的小人，选择同盟者，人品很重要。再有，从辈分上讲，石敬瑭是自己的"儿子"，而赵德钧是自己的"兄弟"，怎么说做长辈还是比较有面子的事情。最重要的，太宗更满意于石敬瑭开出的条件，既然一定会出手，当然谁付的"调停费"高就帮谁。

当时石敬瑭已经许诺，一旦太宗发兵相助，事成之后，只要契丹帝国有能力攻下幽云地区，就将其让给契丹。当时的幽云地区，就是今天的山西大同、北京一带，是沟通南北的重要孔道，而且土地肥沃，适合农业发展，契丹觊觎已久。可是在当时，这里却是赵德钧父子的根据地。石敬瑭如此大方地放弃这片土地的管理权，完全是慷他人之慨。反观赵德钧父子，无论如何，也不会把自己的老窝让给契丹。如此一来，两家"调停费"高下立见。

在此说一句题外话，尽管历史上对于石敬瑭的评价极低，但这招借刀杀人却用得极为精彩，由此足见他是个善用谋略的高手，绝不像前人说的是个只会"卑颜事契丹"的无能之辈。

经过一番仔细的分析，太宗最后同意继续支持石敬瑭，他指着帐前的一块大石对赵德钧的使者说，我已经答应了石郎，此石烂，方可改也。

认亲成功后，石敬瑭马上在太原称帝，建立了后晋政权，是为后晋太祖。

这时的后唐由于增援的部队迟迟不到，贻误了战机，张敬达被属将杨光远杀死。杨光远随后率领后唐的军队投降了契丹。此战失败，主要原因就是赵德钧乘机要官和迟迟不进。但赵德钧并没有得到任何好处，因为和后唐决裂，他连原来的属地也失去了，只剩下手中的军队。为了立足，他和赵延寿攻占了潞州，权作容身之地。但他的所作所为让将士们很失望，不少将领领兵离他而去，小小的潞州也难以固守，耶律德光在从晋阳回师北上的途中，在潞州擒获了赵德钧父子，送拘"皇都"。

有其父必有其子，管他是不是亲生的。赵延寿虽然不是赵德钧的亲生儿子，但其为称帝中原而不计代价的心态可一点都不差。

石敬瑭和赵德钧的竞争到此为止了，但是后续的故事仍然很精彩。赵氏父子见了述律太后，态度倒是十分恭敬，表示要把自己的所有财物、田宅献给太后，以求自保。这时，述律太后问了赵氏一个经典问题：

"你要献的财宝就在这里了，可是田宅在哪里？"

德钧曰："在幽州。"

问："幽州现在是谁的地盘？"

德钧曰："是太后的。"

太后曰："既然是我的，那还用得着你献么？"

述律太后的羞辱，使得赵德钧哑口无言。一年之后，赵德钧在幽州郁郁而终。1956 年，他的墓葬在北京东城区永定门外西马场被发现。这座总面积达 144 平方米的坟墓，全部用沟纹砖砌成，前、中、后三进，每进主室两侧又筑一耳室，加起来共 9 室，每室的墙壁上都绘着精美的壁画。这个地理位置，这个面积，这个结构和装修，在今天的北京绝对价值不菲。不用怀疑，修这个墓在当时的契丹帝国，所需的费用也不比今天的少。可是赵德钧一个俘虏，哪来的这么大财力？

问到重点了！如果单靠赵德钧，他是绝对没有这个能力的。但是，不得不说，他收养了一个好儿子。养父死了，但赵延寿却被耶律德光重用，因为太宗皇帝也知道，契丹帝国并不能长期直接插手邻居间的事情，他只能用汉人来统治中原，然后他再加以控制，于是他扶植了石敬瑭。但是，石敬瑭死后中原的形势却不再受他控制，太宗不得不另择傀儡，代己行事，于是赵延寿被任命为幽州节度使，加封燕王。

从此，赵延寿便充当了耶律德光控制中原的急先锋。在后晋末年，石重贵和契丹关系恶化，耶律德光屡次南下讨伐这个不听话的"孙子"。他让赵延寿领兵开路，答应他在平定中原后立他为帝。等到杜重威投降后，太宗对赵延寿说："汉人士兵，都归你统领，你亲自去安抚安抚他们吧！"赵延寿领命去了，杜重威和李守贞等降将纷纷跪拜行礼，赵延寿觉得自己离中原的皇帝大位更近了。太宗皇帝到了开封，见后晋的几万降军都在陈桥一带，怕将来后晋将士兵变，有了斩除后患的念头。赵延寿听说后不想失去这些可以利用的军队，赶忙去见耶律德光，问他："陛下百战之后才得到晋的国土，不知您是自己统辖呢，还是让它将来被别人夺走？"

太宗对这种明目张胆的暗示自然很不高兴，答道："朕因为石重贵忘恩负义才发兵征讨，前后五年的厮杀，几乎耗尽国力，刚得到中原，怎么不想自己统辖？你有什么话就直说吧！"赵延寿说："中原南边和吴国相临，西边又和蜀国接壤，边境长达几千里。不久之后陛下北归，如果吴和蜀发兵中原，那这几千里的边界谁去为陛下守卫呢？如果不派兵把守，恐怕要被他人夺取。"太宗问道："朕还没有想到这些，那你说该怎么办？"赵延寿说："臣知道契丹的兵马善战，但不习惯南方的暑热气候，所以不能让他们去驻守西边和南边。我看不如把降卒全部改编，然后派他们到这些地区守卫。"太宗听了也有些犹豫，说："以前朕也曾想杀投降的士卒，但没有执行，结果留下大患，现在又是这种情况，朕想除之以免后患。"

赵延寿见太宗不听，赶忙说出了具体办法："臣的意思不是让降卒仍然驻守河南，可以将他们连同家属迁往北方的朔州（今山西朔州）、云州和镇州、定州，然后每年轮流戍守黄河沿岸，这样便可免除后患了。"太宗见赵延寿说得有理，便同意了。不管赵延寿真实的动机如何，在客观上他毕竟将几万降卒的生命留存下来，所以后来有人说是赵延寿免掉了又一次长平惨祸的发生。

太宗皇帝虽然答应了保留几万降卒的生命，但对当初答应让赵延寿当中原皇帝的诺言却不想兑现。赵延寿着急了，让人对皇帝说，自己想当太子，以此提醒太宗皇帝兑现诺言。结果得到的答复是："我对于燕王没有什么舍不得送的，就是割我的皮肉也行，更何况是其他的事。但我听说太子要由皇帝的儿子来做，燕王怎么能做呢？"

为了安慰这个卖力的赵延寿，太宗给他高官做。翰林院拟定了给赵延寿的一串官职，包括大丞相、录尚书事、都督中外诸军事、枢密使、燕王。但太宗在批复时，把录尚书事和都督中外诸军事两个都划掉了，看来他还是不愿让赵延寿职权太大，尤其是军事大权。

太宗皇帝在中原称帝建立大辽国后，也没有坐多久，一是不习惯中原的气候；但更主要的是由于民众的反抗，使得其深感不安，于是派人留守开封，随即挥军北归，可惜在途中就一命呜呼了。

赵延寿见皇帝去世，契丹帝国群龙无首，便乘机打着奉先帝遗命的旗号，自任权知南朝军国事，即临时的最高统帅。他这么做，体现出更进一步的意图——做契丹帝国的皇帝。可惜的是，他的如意算盘打错了，很快他就被帝国的继任者世宗设计俘虏。他像上次一样被押到草原，不同的是，上次是他和他父亲相伴而行，这次是他独自上路，最后也死在了契丹。

石敬瑭究竟送上了什么样的贡品，才使自己在竞争者中脱颖而出，成为太宗皇帝钦点的支持对象呢？

也许大家早有耳闻。他开出了三个条件：请称臣，以父事契丹；约事捷之后，割卢龙一道及雁门关以北十六州给契丹；每年进贡大批财物。

正是这三个条件，尤其是前两个条件，打动了太宗皇帝。当然，也是这前两个条件，让契丹帝国背负了千古骂名：不但认了比自己老的人为儿子，还强占了幽云十六州。这幽云十六州（也称燕云十六州）是：幽（今北京市）、蓟（今天津蓟州区）、瀛（今河北河间）、莫（今河北任丘）、涿（今河北涿州）、檀（今北京密云）、顺（今北京顺义）、新（今河北涿鹿）、妫（guī，原属河北怀来，今已被官厅水库所淹）、儒（今北京延庆）、武（今河北宣化）、蔚（今山西灵丘）、云（今山西大同）、应（今山西应县）、寰（今山西朔州市东马邑镇）、朔（今山西朔州市）。

其实这个罪名背得有点冤枉。前面我们说过，耶律德光比石敬瑭大了一辈，应该是他叔叔，尽管耶律德光比石敬瑭小十几岁。如果为了一己私利认一个毫无关系的人为儿子，确实是品质卑劣，但是叫自己侄子辈的人为儿子，则大致还在伦理容忍的范围之内，至少辈分不乱吧。

如果说契丹帝国得了"父皇帝"的名称，让人听了刺耳，那么得了幽云十六州，简直是又刺眼又刺骨的难受了。宋人每次和契丹打了败仗回来，都免不了会埋怨一下石敬瑭。问题是，幽云地区，并不是石敬瑭送来的东西，而是契丹帝国损兵折将自己打下来的。

因为这些地区根本就不在石敬瑭的控制下，也就无所谓割让，他只不过是拿别人的东西送了个空头人情罢了。至于能不能拿得到，还要看契丹自己的实力。

自从安史之乱之后，幽州就被一个接一个的地方割据势力占据着。此时幽云地区的实际控制者，正是那位和石敬瑭竞争认亲的赵德钧、赵延寿父子。石敬瑭把政敌的地方"割"给契丹，是一桩无本万利的好买卖。契丹是自己起兵灭了赵延寿，才把幽州吞到肚里，这是实力使然，石敬瑭实际上对这块土地的政权变更没起到影响，也起不到什么影响。说他割地卖国，还真是有点冤枉了石敬瑭，说他借刀杀人，更准确一点。

为了与后晋结成友好相安的关系，使后晋成为契丹帝国统治中原的有效工具，太宗派韩延徽等人去晋都册封石敬瑭为"大晋皇帝"，同时，还派了大将迪离毕率领五千契丹骁骑，帮助石敬瑭进入洛阳，消灭了李从珂的后唐政权。而为了报答太宗的相助之恩，石敬瑭称帝后很守"信用"，遣使奉上了燕云十六州的图籍，同时承诺每年给契丹布帛 30 万匹，并为耶律德光上尊号为"睿文神武法天启运明德章信至道广敬昭孝嗣圣皇帝"。

这样，契丹帝国的军队在幽云地区驻扎下来，势力进入河北和山西北部。太宗随即以"皇都"为上京（今内蒙古自治区巴林左旗林东镇南），改原"南京"为东京，而升幽州为南京，将帝国的统治中心南移。

石敬瑭称帝之后，对辽太宗可以说是百依百顺，非常谨慎，每次书信皆用表，以此表示君臣有别，称太宗为"父皇帝"，自称

"臣"，为"儿皇帝"。每当帝国使臣至，均拜受诏敕。除岁输30万布帛外，每逢吉凶庆吊之事都赠送好奇之物，以至赠送玩好奇异的车队相继以道。

但是在整个后晋内部，却并不赞同石敬瑭的做法。石敬瑭靠契丹的支持，也是靠武力得了帝位，和他一样拥有武力的各地将领也想做这个皇帝，所以反叛接连不断。再加上石敬瑭称帝后，用人和施政措施不当，民心开始背离，这又给属将们作乱提供了借口和有利时机。镇守魏州的节度使范延光觉得总被石敬瑭猜疑，为防以后生变，抢先在魏州叛乱称帝。石敬瑭派去的杨光远不但没有攻击范延光，反而和他合伙反叛，石敬瑭的两个儿子也先后被杀。最后叛乱虽然平息，却失去了两个儿子，给石敬瑭的打击很大。

不久，镇州的节度使安重荣也在北方叛乱，他对石敬瑭"卑颜事契丹"非常不满，经常斥责路过的契丹使节。后晋天福六年（941），安重荣上表指斥石敬瑭父事契丹，困耗中原，起兵反叛。安重荣最后由于部将的投降而失败，自己也被杀死，头被石敬瑭割下来送到了契丹。但这两次大的叛乱使本来心里就因仰契丹人鼻息而憋气的石敬瑭更加急火攻心。在安重荣叛乱的第二年，石敬瑭就死去了，给后代留下了一堆烂摊子。

称帝开封：契丹直接统治中原的唯一尝试

太宗为自己收了一个如此听话而且贴心的儿皇帝兴奋了没几

年，石敬瑭就于后晋天福七年（942）六月去世了。太宗难免唏嘘一番，转念想想也正常，毕竟这个"儿子"比自己还大了很多。现在更重要的问题是，继任的孙子会不会像儿子一样的孝顺。

太宗的担心不是没有原因。石敬瑭死后，后晋由石重贵承制即位，即出帝。石重贵是石敬瑭的侄子，他的生身父亲石敬儒，原为后唐庄宗李存勖的骑兵将领，很早就去世了。石敬瑭遂将石重贵视为己出，一直留在身边。石重贵少时谨言慎行，质朴淳厚，善好骑马射箭，颇有沙陀祖辈之风，深得石敬瑭厚爱。石敬瑭还让他管理民事，但石重贵却好武不好文。石敬瑭镇守太原的时候，给他请了一个老师教他读《礼记》，石重贵却弄不懂其中深奥的含义，反而对老师说："这不是我要从事的事业。"其实他是不喜欢读书。等到石敬瑭被围在太原时，石重贵身先士卒，冒着箭石冲锋杀敌，毫无惧色，更受石敬瑭的器重。

石敬瑭当了皇帝后，领兵去洛阳，要留一个儿子镇守太原，问太宗留谁合适。辽太宗说："你把儿子们都叫来，我给你选一个。"等石敬瑭的儿子们来了之后，耶律德光指着石重贵说："这个眼大的就行。"于是石重贵被留下来守卫太原，全权管理河东地区的事务。也正是因为这件事情，石敬瑭对他这个侄子更是器重，不断加升官职，直到封为郑王，后又封齐王，还想把皇帝之位传给他。

石敬瑭忧郁成疾，死后石重贵继位，石重贵在叔父尚有嫡子在世时，能继承大统，其间肯定不乏宫中密谋。石敬瑭生有六子，或早夭，或阵亡，仅剩幼子石重睿一人。本来石敬瑭在病中托孤于宰臣冯道，要冯道辅立石重睿。但他死后，冯道与当时掌握实权的侍卫亲军都指挥使景延广却拥立了石重贵。

石重贵继位时，后晋的社会状况比石敬瑭的时候更糟，统治集团内部钩心斗角。朝廷的腐败又使地方的贪官污吏竞相仿效，搜刮百姓，鱼肉乡里。再加上水利设施常年失修，每遇天灾，百姓背井离乡，没有安居乐业的地方。就在石敬瑭死的这一年，山西和陕西一带发生了蝗灾，庄稼被吃得精光，粮食绝收，逃亡他乡的难民无数，饿死的人也遍野都是。第二年，蝗灾继续，波及河北、河南等地，开封一带的飞蝗遮天蔽日，满山遍野，草木的叶子眨眼间就被吃尽了。

在天灾人祸降临之时，后晋不是救民于水火，反而变本加厉地搜刮百姓。石重贵派文武大臣 36 人到各处去征集钱帛，然后用于军队。虽然没有入自己的腰包，但不体恤百姓疾苦，却是自毁江山的做法。尽管他继位时为收拢人心，宣布免收当年的秋税，但没法从根本上解决问题。

石重贵最让人鄙视之处，是他的荒淫。石敬瑭在魏州任节度使的时候，给自己的弟弟石重胤娶了节度副使的女儿冯氏为妻，石重胤去世较早，冯氏一直独自生活。石重贵早就对这个姿色动人的婶娘动了心，但又不敢乱来。

等他继承帝位后，就毫无顾忌地将婶娘召进了宫里。在石敬瑭的灵柩还停在宫内的时候，他和冯氏就在后宫里寻欢作乐起来。在接受大臣祝贺他继承帝位时，他说："皇太后有命，卿等不必这么庆贺！"等大臣们都走了之后，他就让人摆上酒宴，和冯氏一起饮酒作乐。等到最后喝得烂醉时，在左右的搀扶下回宫，路上经过石敬瑭停灵的梓宫，石重贵忽然想起了自己的养父石敬瑭，于是说了句醉话："皇太后有命，与先帝不必大庆！"左右的侍从听了忍不住笑出声来，石重贵自己也充满醉态地笑起来，对左右说："我今天做新女婿怎么样？"冯氏和众人听了都大笑不止。石敬瑭尸骨未寒，石重贵就荒淫成这种样子，其败亡之兆不言自明。

皇太后知道后，虽然也很生气，但拿他没有办法。等到冯氏做了皇后，便开始干预朝政。石重贵对他这个婶娘言听计从，宠爱有加。皇后的哥哥冯玉本来不识字，但凭借妹妹的关系，竟做了高官，原来任礼部郎中，官职很小，后来一下子被石重贵提升为端明殿学士、户部侍郎，参与朝政。冯玉做事只知道让有些才干的同僚殷鹏代笔，勉强应付日常事务。后来，冯氏和石重贵一起流亡契丹，不知所终，大概和石重贵一样也客死异乡了吧。

当太宗皇帝正在嘀咕，孙子会不会如石敬瑭一般孝顺时，那边的石重贵也正在犯难呢，石敬瑭死了，作为新帝登基，该以一个什么身份面对契丹帝国。景延广因是辅佐新皇登位的功臣，傲气十足，在朝野之上影响甚大，他力主向太宗称孙而不称臣。石重贵这时不知道哪里来的勇气，同意了景延广的意见，表示自己成为晋帝并未借助太宗之力，而只可与太宗"为邻为孙"，不可称臣。

后晋态度的变化让太宗气不打一处来，回忆起当时钦点石重贵的情景，多多少少有些后悔吧。幽州的赵延寿还没有放弃自己的中原皇帝梦，还想像当年石敬瑭那样当个皇帝，屡屡在太宗耳边煽风点火，劝太宗出兵惩治这个不肖孙子。后晋将领杨光远也暗通契丹，说后晋违背盟约，正好借机出兵，而且后晋境内发生了大的灾害，军队死亡过半，只要出兵，定能一举成功。

当然，这一次太宗的南下，还有一点原因，就是与自己的母亲争权。

在把耶律德光推上皇位之后，述律平发现自己的如意算盘打错了，二儿子并没有想象中那么有勇无谋，容易操控。随着耶律德光势力的逐渐增强，特别是石敬瑭"称儿献地"之后，母子俩的矛盾凸显起来。当耶律德光即位之后，契丹帝国的权力实际上还是掌控在这位已经断了一只手的太后手中，皇帝对中原作战，不如说是述律平在用兵。后晋建国，按照当初的"协议"，年年上供，对于述律平来说，这样的收获已经足够了，因为她并不希望与中原保持过于紧密的联系。不过她的儿子并不满足——他想要更多的土地，要成为中原皇帝。在这个问题上，母子二人出现了严重的分歧。她曾经不止一次地表示反对继续向中原用兵。太宗虽暂时接受母亲的意见，背后却在做着各种准备，等待机会，从母亲手中夺回军队的控制权。石重贵的不敬恰巧为他提供了一个合理的出兵理由。

于是后晋与契丹大致和平的局面，就这样被打破了。

先是太宗派前锋赵延寿、赵延昭引5万骑南下，兵分数路攻打贝州，入雁门，长驱直入。石重贵在众将的簇拥下亲征。这时，他也万分懊恼自己当时的意气之举，可他和他的朝臣们不懂卧薪尝胆，只会忘乎所以，还未开战，就开始修书求和。太宗皇帝正踌躇满志，岂肯中途罢兵。石重贵求和遭到拒绝，只好硬着头皮开战。

在长达三年共三场的攻晋之战进行到第二场的时候，帝国军队遇到了后晋官兵的奋勇抵抗，国内又发生了大灾荒。本来就不赞成攻晋的述律太后力劝耶律德光与后晋议和罢兵，借机下台阶。多年随丈夫东征西讨的述律平毕竟是"老姜"，她虽然好杀残忍，但是更冷静地看到了入主中原并不能给帝国带来真正的好处。述律太后对儿子说："如果汉人做契丹王，行吗？"辽太宗说："不行。"述律太后又说："那你为什么非要当汉王呢？"辽太宗说："石氏忘恩负义不能容忍。"述律太后又劝他："你就是得了汉地也不能久留，万一有什么意外，后悔就来不及了。"后来的事实说明述律太后还是有先见之明的。兵败的太宗这次听了母亲的话，就势下台阶，从中原撤兵。

可是议和息兵才一年，耶律德光又第三次兴兵。这一次，他成功地利用后晋朝中的懦弱无能，以及赵延寿觊觎中原皇帝位子的心思，还有后晋将领杜重威的野心，一举攻克大梁。

面对太宗的挥兵南下，两次侥幸胜利的石重贵任命杜重威为北面行营部招讨使领兵迎击。石重贵对此番出征，充满了狂妄的信心。他在诏书中声称要"先取瀛莫，安定关南；次复幽燕、荡平塞北"。但这次，杜重威在契丹帝国的重兵面前，却节节撤退，而且在军中与将领喝酒作乐，不积极谋划退敌之策，只知道向朝廷要粮要兵。在将士奋勇杀敌的时候，杜重威非但不派兵支援，自己反而后退。

帝国军队在栾城（今河北栾城）将杜重威团团包围，杜重威请求投降，太宗也假装许诺他当中原的皇帝。等他召集将士宣布投降，要大家解甲时，众将士都恸哭失声。前面说到太宗利用了赵延寿想当中原皇帝的野心，让他充当了和后晋作战的先锋。对于杜重威，太宗也同样许诺给皇帝之位，等杜重威投降后，还让他穿上皇帝的赭黄袍。和之前让赵延寿穿赭黄袍去抚慰后晋将士一样，太宗将这两个一心要当皇帝的人像耍猴一样耍了个够，他们俩如果在一块儿谈谈穿赭黄袍的感受，大概会差不多吧。

由于主力都交给了杜重威，他一投降，后晋也就无兵可用了。一起和杜重威投降的张彦泽反过来向后晋首都进攻，还在旗子上写上"赤心为主"四个大字。张彦泽大兵压城，包围了后晋都城，石重贵无以为计，欲纵火自焚，却被近侍一把拉住。张彦泽自作主张，强把石重贵一家迁到开封府，派兵把守。次年正月初，太宗到京。石重贵此前已派儿子石延煦、石延宝奉表、国宝、金印求降，这时欲与太后一起迎接，遭到拒绝。张彦泽尽管表现积极，但也没落得什么好下场。由于他滥杀无辜，民愤极大，太宗皇帝没有饶恕他。为收拢后晋民心，太宗问臣子们如何处置，文武百官都说罪不可赦，最终下令斩首，百姓们争相割其肉而食之。

公元947年，太宗用中原皇帝的仪仗进入开封，在崇元殿又穿上汉族皇帝的装束，接受文武百官的朝贺。石重贵被封为负义侯，除了讽刺，这个官职没有任何意义。后晋因为契丹帝国出兵相助而建立，最后又因为契丹帝国发兵而灭亡了。

至于后晋的最后一个皇帝，被封到了偏远的渤海地区。石重贵一家北行时，有时连饭也吃不上，只得杀畜而食。石重贵一行人风餐露宿，忍饥挨饿，备受凌辱，好容易到了黄龙府，又被述律太后召往怀州。怀州在黄龙府西北千余里，石重贵只得重新上路。他还算幸运，途中逢契丹帝国内部发生了皇位之争，新主世宗允许他们暂住辽阳，自此供给稍有保证。后来世宗到辽阳，石重贵着白衣纱帽拜之。石重贵有一幼女，世宗之妻兄求之，石重贵因女儿年纪太小而推辞。结果，世宗索性派人直接把人掳了去，送给妻兄。几年之后，石重贵一家被允在建州（今辽宁朝阳西南）居住。行至中途，石重贵生母安妃病死。到建州后，得土地五十余顷，石重贵令一行人建造房屋，分田耕种。这年，述律王子又强娶石重贵宠姬赵氏、聂氏而去。石重贵悲愤不已，但也无奈。根据当时人的记载推测，石重贵死于宋太祖开宝七年（974），大约 60 岁。

风光一时的国君，落到如此下场，在中国历史上除北宋徽、钦二帝外，恐难找出与之匹敌者了，这个"出帝"，也算是名副其实。

两个女人一台戏——从中兴到盛世的契丹帝国

以前的大家庭有一个共同特点，长子一般最卖力气，贡献最大，可受宠的却总是小儿子。在契丹帝国建立之初，皇太后述律平是真正的掌舵人。可她也没能免俗，拼着老命要为小儿子李胡谋求皇位。只是这个娇生惯养的家伙实在不争气，不仅没当成皇帝，还把老妈的晚年幸福给赔了进去。可离了女人的契丹政坛依旧混乱不堪，无奈，述律家的女人们只好再一次粉墨登场。萧燕燕——契丹的武则天——适时地出现在前台。

第七章
从起点回到原点——挑战祖母权威的皇长孙

为了不违背母亲的心愿，耶律德光违心地册封小弟李胡做了"皇太弟"。就在述律平心满意足地准备继续掌舵时，耶律德光却像他父亲一样，不争气地死在了回銮的路上。为了不再充当殉葬品，急红眼的大臣们匆匆忙忙选择了一位仁慈的君主——耶律倍的儿子耶律阮。无意中，契丹帝国再次面临痛苦抉择：是坚守草原本位，还是向汉文化靠拢？

病急乱投医：被赶上皇位的耶律阮

太宗皇帝在中原称帝没多久，就遭到强烈的反抗。在攻打后晋的过程中，军队沿用旧习，粮草靠沿路"打谷草"抢夺而来，进入大梁城后，依然故我地沿用旧习，大规模地洗劫百姓，以致城周数百里几无人烟；而最初投靠帝国的汉人汉官又多是些奸狡小人，乘机鱼肉乡里，很快各地纷纷响起了反抗的声音。面对大规模的反抗，太宗开始坐立不安，他叹息道："我不知中原人难制如此！"随后他总结：士兵"打谷草"扰民杀戮为第一失，官吏搜刮百姓钱财为第二失，未遣返节度使治理原地为第三失。要想治理中原百姓，暴力是无用的，只能推心置腹、和协军情、抚绥百姓。然而耶律德光再也没有机会补救了。四月，他以"归国省母"为由，仓皇北返。就在北返途中，耶律德光身染急病，高烧不退，严重到周身堆满冰块并吞冰入腹也无法降温的程度，终于在栾城死去，年46 岁。

关于太宗皇帝的急病升天，契丹族内有一个离奇的传说。

公元 947 年 4 月的一天，在怀州城西约 50 里的大山中，十几个契丹猎人正在打猎，忽然，一阵马儿疾奔的声音传了过来，紧接着草丛中窜出了一只异常美丽的白狐狸，闪电般地跑走了。这些猎人经常在这座山中行猎，却从未见过如此美丽的动物。正在惊诧间，一人骑着白马追了过来，此人身着铠甲，相貌英武，气宇不凡。猎人们仔细一看，竟是大辽国君耶律德光。只见他勒住战马，将弓箭拉满，瞄准白狐逃走的方向"嗖"地射出一箭，随即传来一声狐狸短促而凄厉的惨叫，一切归于沉静。

就在那些猎人目瞪口呆之际，更为离奇的事情出现了：只见离他们不远的太宗皇帝和他所骑的战马忽然间变得模糊起来，透明起来，最后竟然在他们眼皮底下消失了。这一切都发生在短短几分钟之内，如此真切又令人难以置信，简直像是在做梦。他们呆立在原地半天没有动，搞不清究竟发生了什么事。

过了好久，一个猎人终于想起来，太宗皇帝此时正在千里之外的汴梁城征讨后晋，根本不可能出现在这里。难道刚才的一切都只是错觉吗？难道是看花了眼吗？猎人们再也无心逗留，于是收拾东西下山。可是刚走了没多远，就听见走在最前面的一个人惊叫一声："啊！是那只狐狸……"大家闻言围上前观看，只见一棵树下躺着那只被追捕射杀的美丽白狐，它的身上正是太宗射出的那支箭……

正是在这一天，顺利攻入汴梁城的耶律德光在凯旋的途中，突然病逝于栾城，而"太宗射狐"的神奇故事便从当年目睹此事的猎人们那里一代代地流传开去。

太宗死后，帝国再一次受到了皇位继承的困扰。

虽然耶律德光是被述律平一手推上皇位的，但是并不意味着，他是母亲心目中最理想的皇位继承人。述律平最疼爱的，还是小儿子李胡，尽管李胡并不比哥哥出色。

事实上李胡既没有继承父母一丝一毫的文韬武略，更没有为契丹国建立过任何功勋。他只有一身蛮劲儿，狠辣方面倒是和爹娘有几分相似，甚至青出于蓝。平常身边的人稍有小错，就被他黥面刺字，更有甚者，还会把人活活剥皮抽筋或者活活抛入水火之中淹死、烧死。契丹人上至高官贵族，下至平民奴隶，没有不怕他的。

阿保机作为父亲，比较清楚自己的儿子。阿保机曾经看过儿子们同睡时的姿势，见李胡缩着头躲在两个哥哥后面睡，非常不满地说："李胡是几个儿子中最差劲的。"可是不知道怎的，述律平偏偏怎么看都觉得李胡是最能干的儿子，甚至到了溺爱的地步。

太宗几次南下亲征，述律太后早就开始担心，如果他在战场上有什么不测，自己无法控制局势怎么办。为了稳固自己的势力，她让德光将李胡册立为"皇太弟"。也就是说，如果耶律德光死了，弟弟李胡继承皇位，那么述律平依然还是皇太后，还可以继续临朝摄政。可惜这一次述律太后没有如愿，耶律德光客死异乡，手掌重兵的将领们自然不会就这样把权力再还给那个嗜杀的太后。本就反对南下用兵的太后，如果再次"临朝摄政"，自然要把这份怒气与丧子之痛发泄到这些随着皇帝出征的人身上。这样的恐惧尤以随耶律德光南征的显贵们为重，因为他们之中的很多人就是述律平残杀的勋戚之后。

不甘坐以待毙的大臣们决定另奉新主，求个生路。奉谁为新帝呢？所有的人都不约而同地选中了一个人：耶律倍之子永康王耶律阮。耶律德光病死的第二天，耶律阮便在众人的拥戴下，在镇阳（今河北正定）于叔父灵柩前正式即了辽国皇帝之位，是为辽世宗。不知是故意挑衅祖母的权威还是爱情至上的伟大，世宗册立从后晋宫中得到的汉族宫女甄氏为皇后（她是辽朝唯一打破了萧氏为后的族传统的女人，也是唯一的汉族皇后，比耶律阮整整大 10 岁）。

横渡之约：祖孙对峙的戏剧化结局

耶律阮即皇帝位的消息很快就传到述律平耳中，一心想要宝贝儿子李胡当皇帝的她勃然大怒，连耶律德光的葬礼都没了心思打理，立即派"天下兵马大元帅"李胡率兵"讨逆"。然而她却忘了自己这个宝贝儿子是个扶不起的阿斗，不但不得人心而且还毫无本事，很快就被打得大败而归。述律平怒火更盛，亲自整顿兵马，和李胡一起率部来到上京城外的潢河（今内蒙古自治区西辽河上游西拉木伦河）岸边，准备和孙子决战。然而一生随心所欲的述律平这一次好运似乎走到了头。不但耶律阮营中的将领没有一个肯临阵倒戈，就连上京城里的官员们也没有全数站在述律平和李胡一边。在述律平所掌握的军队中也只有她的"属珊军"还肯听从她的调遣。

心有不甘的述律平质问与自己对峙的耶律阮部属萧翰为什么背叛自己？萧翰理直气壮地反驳："当初你为了立威易储，无辜杀掉我的家人，我怨恨你已经很久了！"述律平没料到自己横行一世，临到老居然会落得如此被臣下和孙辈秋后算账的地步，恼羞成怒之下，令李胡将跟随耶律阮的贵族及将士家眷全部抓了起来，并下令说，如果自己失败，就杀死这些家眷们。

李胡的这种做法，引起了世宗的军心浮动，多数契丹臣僚不愿意打内战，更不愿意看到"父子兄弟相夷"的惨剧。述律平和李胡也因此更加失去人心，"述律所将兵多亡归兀欲"。两军隔潢水对峙，各有忌惮，一场骨肉相残的战争随时可能爆发。

为了避免战争，那些被李胡囚禁了家属的将领们，都劝世宗同太后讲和，希望能和平解决争端。这时身为惕隐的耶律屋质挺身而出，解决了帝国的这场危机。

职掌皇族政教，协调皇族内部的关系，是耶律屋质的职责之一。他善谋划，很得太后信任，在这种形势下，既可能助太后，也可能被世宗争取到自己一方。于是世宗"欲行间，乃设事奉书，以试太后"。太后把这封信给屋质看，屋质不避嫌，竟劝太后与世宗讲和。屋质十分坦率地说："太后辅佐太祖平定天下，是对江山社稷有功之人，因此臣为您效力，在所不辞。如果被太后您怀疑，臣虽然想要尽忠，也做不到。为今之计，如果说能够和解，事必有成；否则就应该马上开战，以决胜负。然而一旦开战，人心一摇，国祸不浅，惟太后裁察。"这句话表面上看，屋质向太后指出了两条道路：或和解，或速战，不能游移不定，并提出警告，一旦开战，"人心一摇，国祸不浅"。但从史实记载来看，屋质是主张双方和解的，例如他又劝说道："李胡和永康王都是太祖的子孙，神器并没有落于他族，永康王即位有什么不可以的呢？太后宜思长策，与永康王和议。"

在他的说服下，述律太后决定与兀欲（世宗）议和。太后问："这种和解的工作，派谁去合适呢？"屋质自告奋勇，为和谈之使，道："如果太后不怀疑臣，臣请求前往。如果永康王能听从我的劝告，跟您和谈，那就是宗庙、社稷之福。"太后于是遣屋质渡河传书给世宗。

双方谈判正式开始。谈判初期，双方都不冷静，相互指责，对立情绪十分严重。一方面，"太后遣屋质责世宗自立"；另一方面，世宗"遣宣徽使耶律海思复书，辞多不逊"。耶律屋质带着太后的书信渡过潢水，到潢河南岸来见世宗。屋质一见到世宗就先发制人，问道："永康王没有得到太后的认可就自立为帝，现在又兵临上京，要知道国家是太祖与太后共创的，您这样做能得到臣民的拥戴吗？"太宗忙说："孤是被众将拥立的，我称帝也是不得已而为之。当年太后废长立少，放弃我的父亲，而立太宗为帝，她这样做，难道不亏心吗？"耶律屋质说："太后在此事上确也有过错。但是现在为了不致使骨肉相残、国家部落瓦解，臣希望大王能与太后相见，各释前嫌，和好才是上策。"

世宗认为太后、李胡之军都是些乌合之众，不可能取胜，屋质则说："就算是太后和李胡的军队不敌您，就算您真的胜利了，可是太后和李胡是您的亲人，您能把骨肉亲人怎么样呢？何况这场战争谁是最后的胜利者，是任何人都无法预料的。就算说，您幸运得胜了，但是那些被李胡囚禁的诸位大臣的家眷们，就没有一个能够存活下来了。这样看来，只有议和才是最好的解决问题的办法。"话说到这里，世宗"左右闻者失色"。屋质又进一步向世宗阐明："您与太后见面，将不满都说出来，和解并不是一件难事；不然的话，决战很快就要开始了，后果不堪设想啊。"世宗被耶律屋质的话说服，同意和谈，并遣耶律海思携书信"诣太后议和"。

屋质回到太后身边，禀告了兀欲愿与她相见议和的意愿，太后也同意了。

双方先是海思与屋质谈判。慑于屋质的能言善辩，世宗在派海思谈判时就曾告诫他"汝见屋质勿惧"，在和谈之初，双方"始相见，怨言交让"，和谈十分困难。在和谈毫无进展的情况下，述律平无奈，只好把谈判全权交给屋质，"汝当为我画之"。

屋质往返数日，终于使祖孙二人面对面地坐下来解决帝位问题。这时，耶律屋质直接参与了调停太后与世宗之间的矛盾。祖孙两人见面之后，唇枪舌剑，怨言交加，愈说愈僵，双方都没有让步的意思。耶律屋质见事情要糟糕，不得不站出来说："太后、永康王既然相见，是想要开战，还是想要和解？今天您祖孙二人能坐到这里，自然都是为了和解，然而现在却互不相让，怎么能够谈得下去呢？"听了耶律屋质的话，祖孙停止了争吵，但怨气并未消除。耶律屋质见自己的话产生了作用，就对述律平说："太后，您是否同意我为您主持公道？"太后表示同意。他又转而问世宗："永康王，您对此有什么意见？"世宗说："既然如此，请你评判一下是非吧。"屋质说道："只要太后与永康王能互相释去宿怨，臣才敢说话。"太后道："好吧，你说吧！"耶律屋质说："好，既然太后和永康王信任我，那我就直言不讳了。"

这样，耶律屋质掌握了这场谈判的主动权。他首先向太后提出了世宗最在意的问题："昔人皇帝（耶律倍）在，何故立嗣圣（太宗耶律德光）？"太后回答："立嗣圣，是太祖皇帝的遗旨，整件事情并不是我的主意。"太后的回答，无论是不是真实的，太祖已经过世，无从核实，世宗也只能接受这种说法。屋质接着又问世宗说："大王何故在军中擅自称帝，不禀报尊亲（述律太后）？"这个问题，提出了述律太后最不满意世宗的地方。世宗不平地说："当年按礼法应该我父亲人皇王继承皇位，结果被祖母、叔父夺走了皇位，而我的父亲却不得不远走他国。"耶律屋质脸一沉，说："太后固然有不是之处，但人皇王背离自己的国家，投奔后唐，难道是为子、为臣应有的行为吗？大王身为王孙，陈兵逼迫祖母，毫无逊让之意，您这样做难道是合乎孝敬之道的吗？"世宗被耶律屋质问住了，太后心里痛快，脸上露出了得意的神色。殊不知，耶律屋质话锋一转："太后偏心，废长立幼，现在还假托是太祖遗命，立太宗为帝，致使人心不平，才引起今日之争端。事情发展到今天这个地步，太后是难辞其咎的。您身为国母，明知有错，但至今仍没有反悔之意，如果再这样下去，祖孙之间的争战就难以避免，骨肉相残、生灵涂炭的局面就会出现！"屋质越说越激动，说完就把手中的笏板扔在了地上。

屋质先是巧妙地各打五十大板，然后尖锐地指出争端的起因是太后的"牵于偏爱"，而世宗也有不是之处，利用双方都想避免武装冲突的心理威胁说，如果祖孙二人继续指责对方，则和议无望，"当速交战"。这使得太后再无话可讲，终于放弃了以战争来替儿子争夺帝位的想法。

太后深有感触地说道："从前太祖时期遭受弟弟们的多次反叛，使得我国生灵涂炭，留下的创伤至今仍然没有抚平，这种切肤之痛怎么能因为我而再来一次呢？"说完，伸手捡起了屋质扔下的笏板。世宗也忏悔说："我的父亲尽管失去了帝位，却没有做出危害国家和百姓的事情，而今天我却做了，这是我的过错啊！"说完也伸出手来握住笏板。左右的人见到这种情形都失声痛哭。

太后虽然同意停战，却仍对李胡即位留有一丝幻想，她又提出了"议既定，神器（代指皇位）竟谁归"的问题。为了国家的利益，耶律屋质敢于逆太后之意，言人所不敢言，坚决地说："太后如果把皇位交给永康王，才是真正顺天意、合人愿的事情，您还有什么可疑虑的呢？而且世宗已经在太宗灵柩之前即位了，没有理由改换他人，于情于理都应该立永康王为帝。"李胡在旁边，当即厉声反驳道："我在，兀欲安得立！"屋质毫不畏惧，据理力争，说："把皇位传给嫡长子才是合乎礼法的，哪有传给弟弟的道理？当年舍人皇帝而立太宗，就已经是于礼不和，才有今天的战局；何况你性情乖僻残暴，完全不得人心。如今万口一词，愿立永康王，这是不可更改的事实。"

迫于舆论，太后不敢再固执己见，她无可奈何地对李胡说："你听到这些话了吗？当年我和太祖皇帝就溺爱你超过其他皇子，如今真的应了谚语'偏怜之子不保业，难得之妇不主家'。不是我不想立你做皇帝，是你自己多行不义，不得人心啊！"

在耶律屋质的多次斡旋下，太后终于认可了世宗的地位。契丹第二次权力交接得以和平解决，为这个政权的延续和巩固创造了条件。随后，述律平又和耶律阮达成了正式的会议约定——"横渡之约"，承认耶律阮称帝，罢兵同返上京。

31岁的耶律阮终于成为名正言顺的辽国皇帝，并追封一生不得意的父亲为"让国皇帝"。

祖陵了残生：被母爱扰乱心智的女英雄

虽然议和时耶律阮言之凿凿地表示要守人臣孝道，但是成为皇帝之后，他自然不会再把这些话当一回事。在这方面，述律平和这个孙子倒是心有灵犀：她也不甘心让耶律阮把皇帝一直当下去，同时也没有放弃让心爱的儿子当皇帝的念头。然而述律平和李胡的政变尚未来得及发动，就被人告发了。耶律阮先下手为强，将祖母述律平和叔父李胡同时捉住，强行迁居到祖州圜土（阿保机的祖陵所在地，今内蒙古自治区巴林左旗石房子村）"定居"，也就是把他们幽禁起来了。不过也有人说，并不是述律平和李胡真的想发动政变，而是世宗实在太害怕这个强势的祖母了，于是直接扣了一个意图谋反的帽子给她。不管怎样，述律平彻底败在了自己的孙子手下，无奈地迁到了祖陵陪伴丈夫。想起当年自己说"儿女幼弱，国家无主，我暂不能相从先帝"而毅然断腕，如今孙子长大了，翅膀硬了，能把祖母囚禁起来了，应该感慨万千吧。

不过凄苦的软禁生活并没有消磨掉述律平的意志，天禄五年（951），辽世宗耶律阮死于近侍的谋逆叛乱。述律平总算看到了自己无比痛恨的孙子死在了自己前头。继承帝位的是辽太宗耶律德光之子耶律璟。新皇帝对祖母和叔叔没有堂兄那么痛恨，态度自然要比耶律阮好得多。但是述律平没有返回上京，仍居住在祖州城。两年后，"应天皇太后"述律平终于走完了她75年的人生。同年十一月，她与已经逝世27年的丈夫阿保机合葬祖陵，谥"贞烈"，后来又改谥"淳钦"。应历十年（960）冬十月，李胡的长子宋王喜隐谋反事败，50岁的李胡被牵连入狱，不久死在狱中。

辽圣宗耶律隆绪统和年间（983—1012），李胡被追尊为"钦顺皇帝"。在死了三四十年之后，述律平总算是等到了心爱的儿子"当上"皇帝的这一天。

述律太后的一生，见证了契丹从晚唐时期的一个少数民族地方政权，发展成为将长城关在自家院中的大帝国的过程。在这风云巨变的历史时期，她既表现出了一个政治家的冷静决断、高瞻远瞩，同时也流露出了一个母亲的偏疼与溺爱。

作为一个政治家，在丈夫去世之后，她理智地选择了二儿子耶律德光作为皇位的继承人。这一点上确实表现出了她的真知灼见。

她的长子耶律倍汉化程度很深，尊孔尚儒。如果这样一个人作为阿保机的继任者，契丹帝国会走向何方？历史无法假设，但我们可以去试着揣摩一下当时述律太后的心思。他会大肆起用汉官，而压制本族的贵族势力；他会让全国放弃原有的习俗、全盘地汉化；他还可能尊当时中原的后唐为帝。事实上，耶律倍后来确实也投奔了后唐，还做了后唐的节度使……

述律后想到这些，会很害怕吧？毕竟这些假设不是完全没有根据的。想想曾经在中国历史上辉煌一时的北魏，孝文帝改革最终的后果，就是拓跋鲜卑完全放弃了本族的习俗而全盘汉化，这决不是刚刚建国的契丹所愿意经历的事情。

耶律德光确实比兄长更适合做帝国的皇帝。他多年随父母征战，非常了解帝国的内外局势，也清楚地知道该如何处置本民族、汉族及其他民族之间的关系。"守诚者实，求变者通"，耶律德光恰好二者兼具，是守住太祖皇帝打下来的江山、制定出的制度，并将其继续发扬光大的最适合人选。

但是从耶律德光即位，直至世宗即位后的武力对峙，述律后作为一个平凡母亲的偏隘也显露无遗。

李胡，一个胸无大略、残暴嗜杀的人，就算是在和平时代做了皇帝，也不会给国家带来什么好运。更别提在契丹刚刚立国，脚跟还没站稳的时期。这个道理述律平不会不知道。但是，李胡是她最小的孩子，也是最依赖的一个。四个孩子中，女儿早早出嫁，早没了什么母女连心。长子因为没当成皇帝而对自己心存怨恨，更是渡海而去。二儿子虽然当了皇帝，但是对自己并未感恩戴德，几次积极出征南下，为帝国争取利益是一方面原因，恐怕还有把军权从自己手中夺走的意图。他们都长大了，翅膀硬了，完全不需要这个母亲了。而小儿子李胡不同，他常年跟随在身边，没有兄长们的才能，而且很不得人心，常有人到述律太后处告李胡的状，但这些正好满足了一个母亲的心理。四个孩子中，只有李胡需要自己，述律太后觉得应该继续保护这个儿子。她能想到的给李胡最好的东西，大概就是皇位了吧。

成也萧何，败也萧何：被拥立者抛弃的辽世宗

太宗皇帝带兵南下灭了后晋政权，出了一口心头恶气。可惜称帝没几天，就因为中原人"难治"而不得不回国，并在途中急病升天了。契丹帝国的两位皇帝，全都死在了对外征伐的回途之中，这让很多中原人大做文章，言语间，似乎这不得善终是因为作恶太多。

可是，在当时，只有生活安逸的人，才把寿终正寝作为人生追求的最高目标。在包括契丹在内的骑马民族的观念里，是"贵兵死"的，也就是说，战死疆场才是勇士们最好的归宿，只有无能的人才死在自己家的床榻上。所以，在契丹人的心目中，就算除去皇帝的身份，耶律阿保机和耶律德光同样也是自己民族真正的英雄。

帝国的第三位继任者，可就没有自己祖父、叔父的魄力和才能了，可以说，他继承的这个王位，完全是别人送的，因此他这个皇帝做得并不开心。

世宗从自己的叔父手里抢来了皇位，依靠的是那些跟随太宗出兵后晋的将领。现在我们可以猜测一下这些人当时的心理。

他们并不是真的信服这位"永康王"，也不是真的为耶律倍抱不平。他们完全是害怕李胡即位，述律后重新掌权，会重新上演太祖逝世后的大屠杀一幕，所以，才极力推举了当时也在军中的耶律

阮做皇帝。这个耶律阮是太祖长子的儿子，虽不是太宗皇帝的血脉，但也算是皇室血统了。

可是这些将领为什么不立太宗的儿子寿安王耶律璟呢？他不是更有竞争力么？确实寿安王更名正言顺一些，但是，很不幸，当时他不在军中，而是留在上京镇守，远水难解近渴啊！

所以，从当时的情势看，世宗即位是一种必然；但对于世宗个人来说，做皇帝纯粹是无端捡的一个大便宜。

这白送的东西，并不见得真的就好，即使是皇位也是如此。拿人家的手短，当了皇帝之后，世宗必然要报答一下那些曾经拥立自己的人。八月，世宗对拥立他的耶律洼、耶律吼等，各赏赐官户奴隶五十，耶律安抟赏给一百。又封洼为于越，吼为采访使。安端封明王，统治原东丹国，后又改为西南面大详稳。安端的儿子察割封为泰宁王，刘哥为惕隐，高勋为南院枢密使。

然而，这些人没一个是真心支持世宗的，当年的忠诚不过是情势所逼罢了。世宗即位，太后和李胡已经被囚禁起来了，大家就开始琢磨着自己是不是也有机会当皇帝了。

从世宗947年军中即位，到951年被叛乱者所杀，这短短的四年时间里，一共经历了四次贵族谋反，可以说是叛乱不断，杀戮不止。而这些反叛者，竟无一例外的都是当年支持世宗的"功臣"。

第一个"吃螃蟹"的人，是驸马萧翰。这个萧翰，是述律太后的外甥。他在太宗南征北归时，被留在汴州驻守。世宗即位时，萧翰放弃汴州，领兵赶至世宗的营帐表示忠心。世宗自然大为感动，马上把自己的妹妹阿不里公主许配给了他。

世宗即位一年以后，萧翰与耶律天德、耶律刘哥及弟盆都等人，开始密谋造反。幸好大臣耶律屋质察觉他们的意图，奏告世宗。世宗对于曾经效忠自己的萧翰网开一面，打了一顿了事。其他人就没这么好的运气了，他下令杀了耶律天德，又把刘哥迁往边地，盆都被罚出使统辖西方的夏斯国。

过了一年，萧翰好了伤疤忘了疼。这次他不但自己造反，还拉上了妻子——皇帝的妹子、公主阿不里。夫妻两在家一商议，觉得上次失败的主要原因是没有个掌握军权的同盟。在家琢磨了好久，两人找到了一个有可能与自己共同起事的人，这个人就是当时的明王安端。

安端是太祖皇帝阿保机的弟弟，早年就有叛乱的不良记录。太祖称帝前，三次"诸弟叛乱"，哪一次都没少了他。世宗即位时，安端也是坚决地站在了支持者的阵营里。事成后被封明王，统治原东丹国，可以说在当时是大权在握的一个人物。

夫妻两商量了一下，觉得先试探一下比较妥当。于是他们写信给明王安端劝其共同造反。结果谋反一事马上被皇帝知道了，所有涉案人员均被严惩，萧翰被处死，阿不里下狱，后死在狱中。事情怎么会泄露得这么快？当然是有人告密。

告密的不是别人，正是安端的儿子察割。这个察割也是支持世宗即位的功臣之一，当时被封为泰宁王。察割得知萧翰与父亲的密谋，马上就向皇帝汇报了这件事情。

父亲安端因此被贬，察割却备受世宗信任，留在朝中。这个耶律察割也不是个忠君爱国之人，他告发自己的父亲，纯粹是因为即使父亲发动叛乱也对自己毫无益处。

果然，在取得了世宗的信任之后，察割的野心就充分地暴露了出来。他先是将自己的庐帐一步步地移向世宗的行宫，伺机谋反。耶律屋质揭露其阴谋，世宗非但不信，还将屋质所上表章出示给察割看，察割乘机诬陷屋质这样做，是因为嫉恨自己，还"哽咽流涕"。世宗反倒安慰察割："我当然知道屋质所说之事并不属实，你何至于哭泣呢？"以后，察割屡出怨言，使屋质陷入被动。但屋质并没有因为这样而放弃他的职责，依然能忍辱负重，一方面规劝察割"不要做不应该做的事情"，一方面又告诫世宗警惕。世宗却认为"察割能向我揭发自己父亲，可以保证他对我是忠心耿耿的"。屋质说："察割对自己的亲生父亲都可以不孝顺，怎么可能忠于自己的君主呢？"这句话可以说是正中要害，无奈世宗丝毫不听屋质的劝谏。

就在世宗皇帝庆幸两次内乱平息得如此容易时，南方又给他添了麻烦。

萧翰领兵支持世宗即位时，后汉刘知远马上就领兵进驻了空虚的汴州，经过几年征战，黄河以南各州均为其所有。公元951年，后汉枢密使郭威推翻后汉政权，建立后周。刘知远的弟弟刘崇在太原重建汉国，即历史上的北汉。这年六月，不敌后周的刘崇遣使人来向世宗请求援助，并表示如果出兵相助，愿意接受帝国的册封。世宗派遣南京留守耶律牒蜡、南院枢密使高勋册封刘崇为"大汉神武皇帝"，并且在同年九月，如约领兵南下救援。这是世宗皇帝在位期间第一次大规模对外征讨，也是最后一次。

当世宗行军至归化州祥古山的火神淀（今河北宣化西）时，与太后萧氏（世宗生母）在行宫祭祀"让国皇帝"（东丹王、人皇帝耶律倍）。不料祸起萧墙，耶律察割趁君臣都喝得大醉时，发动了蓄谋已久的宫廷政变。政变前，察割回上京见寿安王（太宗长子），"邀与语"，企图约寿安王一起谋反，遭到了寿安王的拒绝。察割又把阴谋告诉耶律盆都。当天晚上，察割伙同盆都闯进宫帐，杀死了世宗和太后，察割自立为帝。

耶律屋质更衣逃出，遣人召集诸王和侍卫军合力讨伐察割。讨叛军队急需一个新的领袖，病急乱投医的耶律屋质找到了太宗皇帝的长子——寿安王耶律璟，他说："大王是太宗子，叛贼一定不会容你。万一落到贼手，后悔不及。"寿安王听了这话，也害怕起来，遂和屋质整兵出战，军中诸将相继来会，围攻察割。

察割被围，知道就要失败，把诸将家属捆绑起来说："先把你们都杀死。"林牙耶律敌猎对察割说："没有你废掉皇帝，寿安王怎么能够得势。以此为理由，或许可以免罪。"察割早就心里没了主意，听了这话，赶忙命敌猎和罨撒葛去向寿安王说情。敌猎按照寿安王的计策，把察割诱出帐外，世宗的弟弟娄国亲手杀死了察割。叛乱平息。

寿安王耶律璟平乱后，继位做了皇帝，是为穆宗，改年号应历。契丹的皇权又转到了太宗一系。

第八章
"睡皇帝"耶律璟——又一个病急乱投医的错误选择

耶律璟是辽太宗的儿子，当年因为没有随军，阴错阳差，皇冠落到了堂兄头上。现在，帝国的忠臣们决定还他一个公道。可谁也没料到，这个表面英武的家伙对治国、对开疆拓土，甚至对女人，一概不感兴趣。唯一能吸引他的只有——酒精。

镇压叛乱：即位十年间的唯一要务

穆宗平乱后，杀死叛乱首领耶律盆都和与叛乱有关的耶律牒蜡、耶律朗等贵族，以耶律屋质为北院大王、耶律挞烈为南院大王。

前事不忘，后事之师。刚即位的穆宗皇帝被世宗命丧黄泉的事情吓怕了，于是一即位就开始严酷地镇压叛乱和意图叛乱的人们。

公元952年，即穆宗即位的第二年，世宗的弟弟娄国与林牙耶律敌猎等图谋推翻穆宗自立。穆宗发觉了他们的阴谋，旋即下令缢杀娄国，处死敌猎。国舅、政事令萧眉古得发觉事泄南逃，也被处死。

一年以后，李胡的儿子耶律宛又和郎君耶律嵇干、林牙耶律华割等谋反，并且牵连到太平王罨撒葛。穆宗逮捕了谋反者，杀华割、嵇干，但网开一面，释放了宛和罨撒葛等皇族。

好景不长，959 年，穆宗的弟弟耶律敌烈（太宗第四子）又和耶律海思、萧达干等谋反。十二月，穆宗拘捕敌烈、海思等下狱。海思死于狱中。穆宗祭天地祖先，告逆党事败之事，可见这次谋反曾经对其造成严重的威胁。

960 年七月间，发生了政事令耶律寿远、太保楚阿不等的谋反事件。谋反者都被处死。三个月后，李胡之子喜隐谋反，涉及李胡。穆宗捕李胡父子下狱，李胡死于狱中。

穆宗即位后的十年间，多次爆发谋反事件，这些叛乱的贵族们，包括述律太后弟之子萧翰、太祖弟安端及其子察割、耶律倍之子娄国和李胡之子宛、喜隐等，实际上仍是太祖、太宗死后争夺皇权斗争的继续。穆宗只是在镇压了这些谋反者后，才逐渐巩固了他的皇权。

千万不要撒酒疯：耶律璟留下的千古箴言

在镇压察割叛乱的过程中，耶律屋质等人病急乱投医地把太宗的儿子、寿安王耶律璟推上了皇帝宝座，以其为旗号讨伐叛军。说病急乱投医呢，并非是带有倾向性，而是这个穆宗，真的是比世宗还不适合当皇帝。

以前粗看《辽史》，就有这样的疑虑，这位穆宗皇帝，好歹在位了19年，照理说，《穆宗本纪》怎么也不会少到一共不足二十页如此可怜的地步吧！精读之后，发现就这十几页，除去记载进贡的、反叛的、天灾人祸的，这位穆宗皇帝就没出现过几次，他也未免太低调了吧！

后来史书读多了，才知道，原来穆宗一直处于非清醒状态。穆宗嗜酒，不知道酒量多大，他是皇帝，酒是要多少有多少，想喝尽兴何难之有？只是酒这东西，要尽兴就必然会醉，醉了要是乖乖睡觉还好，就怕他醉了乱发酒疯，醉话连篇。普通百姓的醉话没什么影响力，但是他是皇帝啊，皇帝的口叫金口，开了就不能不按他说的做！

很不幸的，穆宗不是酒德很高的人，喝醉了，他会乱说话，比如杀人，而且常常是看见谁就说杀谁！皇帝最常见到的人是谁？当然是那些每天伺候在左右的人。在古代，那叫近侍，就是贴身伺候皇帝的人。在当时，死在这个醉皇帝"嘴"下的近侍一批又一批，穆宗清醒时自己都不好意思了，还曾下诏给大臣，说自己喝醉了下的命令，可以暂不执行。

可是效果显然并不好，别人可以不执行他的杀人命令，反正估计他清醒了也不会记得自己下过杀人的命令。但是谁敢拦着皇帝亲自动手杀人啊，就算喝醉了，他也还是皇帝啊！这样，枉死的人数还是没有减少。穆宗身边的侍者，常年生活在恐惧之中，怕久了，难免会想出极端的办法保全自己。

虽然穆宗也幸运地镇压了四次贵族的叛乱，但是最终他还是死于叛乱，只是不再是贵族叛乱，而是那些日常被自己视如草芥的近侍们。应历十九年（969）二月，穆宗皇帝冬捺钵至怀州，一次游猎罢回到行帐后又喝多了。酒醉的他顺嘴说了句要杀掉侍者的话，然后就昏睡过去了。说者无心，听者却有意。早就吓破了胆的侍者们，看着酩酊大醉的皇帝，决定彻底地给自己一个解脱。于是近侍小哥、盥人花哥、厨子辛古等六人合力将睡梦中的穆宗皇帝送上了黄泉路。这位穆宗皇帝生得糊涂，死得也不清醒，倒是始终如一。

穆宗皇帝死后，谁来继位又成了问题。造成这种情况的原因很简单，完全出自穆宗本人。

他确实是历史上比较少见的皇帝，好酒、嗜杀，却偏偏不喜女色。从目前的史料来看，完全没有关于这位皇帝宠幸过哪个女人的记载。另一个事实也证明了穆宗不好女色，就是到穆宗38岁被害为止，并没有子嗣留下来。这样，穆宗一死，就没有所谓的正统继承人来即皇帝位了。皇位只能在有皇室血统的人中选出一个合适的。

可是穆宗刚即位的那十年，没干别的，就是琢磨着怎么把有皇室血统、可能发动叛乱的人统统杀掉。经过十年的打压，契丹帝国内部，能继承皇位的人所剩无几。这种情况下，又有一个人捡了个大便宜，这就是世宗皇帝的儿子耶律贤。

当年世宗在火神淀被耶律察割杀害，年仅 4 岁的耶律贤也在场，并且成为叛军追杀的对象，幸亏被一个叫刘解里的御厨用毡子裹起来藏在了厨房的柴火堆里，才逃过一劫。穆宗激烈镇压反叛者的十年间，尽管耶律贤身份特殊，但还未达到被列为镇压对象的年龄，所以幸运地躲过了皇帝堂叔的屠刀。等到耶律贤长大到开始懂得培植自己势力的时候，周围也有了一批拥戴他的文武大臣。而此时，我们的穆宗皇帝已经每天泡在酒坛子里，脑子也开始不清不楚了。

穆宗被杀死后，马上有人通风报信给耶律贤，他连忙与侍中萧思温等带领一千兵士赶到穆宗灵枢前，次日（己巳日）黎明宣布继位，是为景宗，改年号为"保宁"。从景宗开始，契丹帝国的皇位一直就在耶律倍一支中，并延续到帝国末期。这和契丹后来完成封建化，建立嫡长子继承制有着直接的关系。

第九章
萧家有女初长成——鼎盛帝国背后的女掌门

耶律璟留下了一个烂摊子，景宗耶律贤倒是颇有乃祖之风，整日捧读《贞观政要》，要做治世贤君。可惜天不遂人愿，没给他一个好身体。失之东隅，收之桑榆，上天还是公平的，让他娶了一个好媳妇。萧绰——汉人熟知的萧太后——及时地走到了前台。

··

景宗中兴之治：终于盼来个好皇帝

景宗即位之后，面对的是一个"睡皇帝"迷迷糊糊统治过十年的国家，所以即位没高兴几天，就得开始着手处理案头堆了十年没有解决的国家大事了。于是，他开始进行一系列大刀阔斧的改革，使得凋敝的国政终于有所改善。在景宗统治期间，契丹帝国内部政治稳定，农牧业兴旺，对宋朝的战争也基本上占了上风。从此，契丹帝国进入中兴时期，开始向辽圣宗的全盛期迈进。这就同唐高祖为"贞观之治"奠基，雍正帝为乾隆盛世奠基一样，所以历史上称之为"景宗中兴"。

官吏制度的改革，是景宗改革最重要的项目。可以说，汉族官员被契丹帝国大量重用，主要开始于景宗时期。景宗即位后，先将拥立他即位的汉族官员高勋封为南枢密院使，又加封为秦王。原来"宫籍户"（契丹帝国的奴隶）韩知古的儿子韩匡嗣被任命为上京留守，后来改任南京留守，加封燕王。这些举动说明帝国当时已经把汉官纳入政权的中枢，因为南京留守一职原来一直由契丹宗族担任，属于要职。韩匡嗣的就任说明汉官的地位有了明显提高。对汉官的重用，极大地促进了政权机构的进步和工作效率，也促进了帝国的封建化进程。

为了彻底改变穆宗留下的混乱局面，景宗对吏治进行了改革。他向汉官室昉询问治国之道，研究古今各朝代的经验教训，然后运用到改革实践中去。在实施过程中，景宗赏罚分明，大胆地用人，使得百官恪尽职守，丝毫不敢懈怠。穆宗时期的许多弊端很快被清除掉。在君臣的共同努力下，契丹帝国的政治开始显现出一派清明气象，国力也随之上升。

可惜，景宗皇帝因为小的时候亲眼见证了父亲被杀，又被叛军追杀，虽然保住了性命，但精神上受到了很大的刺激，吓出了一身毛病，身体一直不好。即位为帝后，又患上了风疾，身体非常虚弱，严重的时候，连马都骑不住，更别提处理军国大政了。每逢犯病，都要由皇后萧绰代他上朝处理国事。结果景宗在位不满14年，还来不及把自己的抱负全部施展出来，就与世长辞了，年仅35岁。

温良恭俭的北国"武则天":政治婚姻带来的意外惊喜

景宗的皇后萧绰,出身于契丹贵族家庭。她的母亲是契丹帝国的燕国大长公主(太宗的第二个女儿),据说,萧绰的小名"燕燕",就是来源于母亲的封号。在后来北宋的文献中则称她为"雅雅克"。

萧绰的父亲萧思温是"断腕太后"述律平的族侄,其人不仅足智多谋、工于心计,堪称干才,而且"通书史"。较其他契丹贵族,这是一个相对汉化的家族。他长期担任南京留守,但却不是一个骁勇善战的将军,从来没有在后周那里靠自己的本事打过一场胜仗。唯一的一次"大胜",不过是后周世宗柴荣在战事中途重病退兵,让他捡了个现成的便宜。但是由于他是皇家贵戚,这场"胜利"仍然给他长了不少脸面,不久后竟被召回京城,做了侍中。然而萧思温的仕途并不是很顺利,在契丹这个尚武的帝国中,不能上战场就代表着治国无能,按理说这样的人在当时是难有出头之日的。但萧思温在关键时刻押对了宝,最终成了契丹帝国最重要的人物之一。

萧思温入朝时,正值辽穆宗统治时期。我们说了,他是嗜酒如命、性格残暴,常常为一些小事就将大臣、近侍随意砍杀的"睡"皇帝。辽应历十九年(969)二月,辽穆宗带着萧思温等亲信大臣前往黑山（今内蒙古自治区赤峰市巴林右旗岗根苏木境）打猎，被杀死在行帐中。照理来说，皇帝被刺，随侍的重臣首先就要追捕弑君凶犯，但是随侍在穆宗身边的萧思温所想的头等大事却是另一桩：辽穆宗没有子嗣，谁来继位？萧思温向来与辽世宗耶律阮的次子耶律贤来往甚密。他决定做个大大的政治投机，一面封锁消息，一面连夜报讯给耶律贤。

耶律贤闻讯，立即率亲信高勋等人，带着千名铁甲骑兵奔赴黑山，抵达时，正是穆宗遇刺的次日黎明。他立刻就在穆宗的灵柩前行了即位之礼，当上了辽国的景宗皇帝。为了表示感激，景宗一回到上京，就晋封萧思温为北院枢密使、北府宰相、尚书令、魏王，并且下诏征他的女儿入宫为妃。

萧思温和燕国公主一共有三个女儿，而景宗所选中的，则是最小的老三萧绰。这时的萧绰只有16岁，但早慧聪明，美丽动人，耶律贤慕名已久了。据说，在三姐妹小的时候，萧思温曾经让她们一起打扫房舍。两个姐姐都只是草草应付了事，只有萧绰一丝不苟地完成了父亲交代的事情。萧思温因此对小女儿格外看重："此女必能成家。"看来，萧思温虽然带兵没什么，看人却很有准头。17岁的萧绰嫁与22岁的景宗后，很快就从贵妃被立为皇后。与萧绰的封妃晋后相对应，萧思温也迅速地成为朝中的重要人物。

景宗娶萧绰，当然是为了报答萧思温的辅政有功。但是这场最初以政治交易为目的的婚姻，最终的受益者还是景宗自己。登基以后的景宗身体一直不好，空有一腔治国热情，却心有余而力不足。

初期政令的上传下达，全都依靠聪慧过人的皇后萧绰。萧绰开始还仰仗父亲在朝中支援，但时间一长，她对政务越来越熟悉，内外周旋之中，竟也可以游刃有余了。景宗这时也发现了妻子的才干，很放心地将朝政交给她，自己以养病为由而开始了休闲娱乐。

景宗即位前两年，萧思温不但是朝中重臣、当朝国丈，而且长女萧胡辇嫁给太宗次子齐王罨撒葛、次女萧夷懒嫁给李胡之子赵王喜隐。在当时，这两位女婿也都极为接近皇位。可以想象，有了如此三个女婿作靠山，萧思温可谓是权倾朝野了。

树大招风，南院枢密使高勋和飞龙使女里，也都是景宗当年做王爷时的亲信，他们看到萧思温只报一个信就能加官晋爵、女儿封后，并通过女儿执掌全部朝政，自己出钱出力也没得到这么多好处，简直是满肚子的妒恨交加。保宁二年（970）五月，景宗出外行猎，萧思温随行。高勋和女里认为这是一个好机会，合谋指使与萧思温同为后族的萧海只、萧海里前去行刺。萧思温猝不及防，一命归西。

父亲的死，使年仅17岁的小皇后萧绰受到了极大的刺激，如此残酷的权力斗争也使她的政治阅历迅速地成熟起来。没有了父亲的帮助，却还有丈夫的支持，她开始充分发挥自己的才干，全力协助景宗治理国家、推行全面的改革。在景宗的支持下，她不仅得到了尽显才能的机会，也得到了群臣由衷的钦佩和效忠。

保宁四年（972）十二月，19岁的萧绰在治理国家的同时，为辽景宗生下了长子耶律隆绪。景宗后继有人，对萧绰更是宠爱无比。景宗对萧绰可以算是专宠，在他们 14 年的夫妻生活里，萧绰不但全权掌握了景宗朝的军政大事，而且还为景宗生下了四子三女共计七个孩子。随着时间的推移，年轻的皇后萧绰已经被锤炼成一个成熟的政治家，在景宗的默许下，辽国的一切日常政务都由她独立裁决；如果有什么重要的军国大事，她便召集各族大臣共商，最后综合各方意见再做出决定。她所做的决定，景宗最多只是听听通报，表示"知道"了，大多不会有反对意见。

在景宗的支持和萧绰的努力下，帝国对外的军事实力日渐强盛，内部的社会经济也步入正轨。皇帝对皇后的才干非常了解，为了对妻子几年来的辛劳表示回报，他将一个皇帝所能给予的最高嘉许和信任都给了她。保宁八年（976）二月，辽景宗传谕史馆学士"此后凡记录皇后之言"，"亦称'朕'暨'予'"，并"著为定式"。这就是说，景宗将妻子的地位升到与自己等同的程度，并且将此著入法令，使得萧绰实际上成了契丹帝国的女皇。

有惊无险的权力交接：可以倚靠的汉官群体

景宗的政治改革中，最显著的特点是大量提拔运用汉官。在景宗时期，"玉田韩氏"的势力逐渐强大起来，其家族中最显赫的人物就要数韩德让了。

韩德让是个汉族人，祖籍河北省玉田县（契丹时称蓟州），因此称"玉田韩氏"，以区别于韩延徽所属的"幽州韩氏"。他生于太宗朝，经世宗、穆宗，在景宗朝崭露头角，成为朝中重要的汉官。

韩德让的祖父名字叫韩知古，原居住在蓟州。那时耶律阿保机并未称帝，还在做迭剌部夷离堇。韩知古在战争中被述律平的兄长萧敌鲁俘获，成为他的家奴。述律平嫁给阿保机时，韩知古作为陪嫁的媵臣到了耶律家。因身份低微，韩知古一直未能见到阿保机。时间一久，就产生了怀才不遇的感觉，还曾逃出给人做庸工，来维持生计。

相比之下，儿子韩匡嗣就比自己的父亲幸运多了。韩匡嗣以善于医术而得以自由出入长乐宫为宫人就医，述律皇后十分喜爱匡嗣，将其当作自己的亲生儿子一样来看待。因为被皇后看重，自然也有机会跟阿保机亲近，韩匡嗣在适当的时机向阿保机推荐了自己的父亲，极言其才华出众，有治国安邦之能。听了韩匡嗣的话以后，阿保机召见了韩知古，并与之议论时事，交谈之中，发现确实如匡嗣所言，韩知古果然贤而有才，于是就让其参与政事的谋议。之后"太祖平奚及俘燕民，将建城，命韩知方（当为'知古'）择其处，乃完葺柳城，号霸州彰武军"，遂授知古为彰武军节度使。

阿保机对韩知古越来越信任，任命其担任汉儿司的总管，遂著籍柳城。汉儿司是帝国之初所设置的管理汉人事务的机构。知古因熟悉汉制又得以"主诸国礼仪"。契丹建国之初，对汉族礼仪并不熟悉，由于"仪法疏阔"，韩知古这样熟悉汉族礼法的人，就有了施展才华的空间。阿保机任命韩知古主要掌管辽王朝的汉族事务，知古"援据故典，参酌国俗，与汉仪杂就之，使国人易知而行"，终于根据契丹的具体国情制定出有契丹特色又基本符合汉族礼仪的典章制度。韩知古因为有这样的工作业绩，很快被迁升为左仆射，后来因为与康默记率汉军征渤海有功，又被升迁为中书令。可以说，他是将汉地礼仪介绍到草原，并与契丹"国俗"参互使用制定辽朝礼制的第一人。因此也成为辽太祖佐命功臣之一。

韩德让的父亲韩匡嗣，也得到极高的荣宠，在太宗、世宗、穆宗和景宗朝都担任过官职。在穆宗应历十年（960），又被封为太祖庙详稳。

穆宗即位以后，世宗子耶律贤恢复了皇族的身份。可是，他的地位十分尴尬，作为一个曾经的皇位继承人，既想要回本应属于自己的帝位，又不敢大肆活动，生怕穆宗见疑。于是，耶律贤就在流落的这段时间里，注意结交朝中权贵，形成自己的一个支持集团，韩匡嗣就是其中的一个。《辽史》上说，穆宗时期，酗酒怠政，"帝（景宗）一日与韩匡嗣语及时事"。耶律贤在穆宗的高压下都能与之谈论政事，可见二者的交情。

景宗即位后，为了答谢拥戴之功，对集团中的人都予以加官晋爵。韩匡嗣以太祖庙详稳，一跃成为上京留守，后改南京留守，并封为燕王。因为景宗是依靠这个集团登上帝位的，所以，他对这些人十分信任。其间爆发了宋王耶律喜隐谋反，经过盘查，这次叛乱牵连到了韩匡嗣。对于如此严重的事情，景宗竟然毫不追查。不仅如此，在979年北宋入侵时，韩匡嗣由于指挥失当导致辽军大败，还在失败后弃军而逃。这种临阵脱逃的行径触怒了景宗，景宗声称要马上问斩韩匡嗣，但皇后却引诸内戚为韩匡嗣求情，想尽办法为其开脱罪责。景宗"难为众意"，于是杖责免死。乾亨三年（981），韩匡嗣又被任命为西南招讨使，不久死去。景宗睿智皇后（萧燕燕）得知其死讯，还遣使临吊，后追赠为尚书令，可见其所受荣宠的程度。

韩匡嗣不仅对景宗有着强烈的私人影响，还是一位势力强大的朝中重臣，拥有自己的私属城邑，此城在991年成为一个正式的州。韩匡嗣有五个儿子，他们为韩氏家族的百年政治基业奠定了基础。

韩德让就出生在这样一个诗书礼仪、备受隆宠之家，自幼受到良好的教育，饱读史书战策，智略过人，深明治国道理。尽管韩知古祖孙三代为国效忠，并且得到了极高规格的待遇，但"官分人"的不光彩出身，却让他们处境尴尬。要真正在契丹社会立足，只有兢兢业业、鞠躬尽瘁、忠心报国一途。

景宗虽然身体不好，朝中大事难以亲力亲为，但不可否认，他是中国历史上最懂得知人善用的皇帝之一，这从他信任皇后萧绰、重用韩德让上就能看出来。前面已经说过，景宗即位以后，所面临的是一个残暴统治之后百废待兴的破烂局面，内外矛盾重重，经济破产，武功废弛。如何扭转穆宗倒行逆施所造成的这种局面，而加以振兴，是摆在帝国统治者面前的最重要的问题。为了收拾这个"人人望治"的残局，振兴朝政，发展生产，安定社会，景宗在皇后的建议下，提出的第一条措施，就是选拔和重用人才。

韩德让就是这一时期被起用的。韩德让辅佐景宗，以勤奋谨慎著称，为景宗帝的政权巩固、百姓安居乐业出了很多好主意。因此他屡屡升官，先是代父韩匡嗣为上京留守。在任期间，他举贤任能，励精图治，由于政绩卓著，得到景宗的赞许。乾亨元年（979）七月，韩德让又代父守南京，为南京留守，管理偌大的燕地。他勤勉聪颖、为官干练，深受官民拥戴。

这年九月，北宋出兵占领河东，又继续北进侵扰契丹南部，试图夺取燕云地区。景宗派五院详稳耶律奚底、统军萧讨古等将帅率兵抵御，由于缺乏谋略而连遭败绩，被北宋军队包围，南京城岌岌可危。就在宋军攻打南京之际，韩德让临危不惧，组织军民坚守燕城，利用城池坚固的优势，备足滚木雷石，把城内军民分成多班，轮流守卫，严密防御，多次打退了敌军的进攻。经过十五个昼夜的坚决抵抗，终于保住了燕城，并寻找到燕京原来的地下坑道，加紧修整，待机反攻。当援军到达之时，他充分使用地下巷道，出奇兵抄宋军背后，勇猛截杀宋军。这支生力军如天兵降临，配合萧皇后所派耶律休哥、耶律斜轸所率的援军，大败宋兵于高梁河（约在今北京外城一带），史称"高梁河之役"。这次战斗不但保住了幽州燕地，而且使宋军元气大伤。韩德让以守御之功和良好的军民关系，誉满朝野，因此景宗授之为辽兴军节度使。乾亨四年（982），升迁南院枢密使。

公元982年秋，景宗疾病发作，病死焦山，临终之前将韩德让与耶律斜轸召到床前，委托后事。

当时，皇后萧绰才 30 岁，太子耶律隆绪 11 岁，孤儿寡母，主少国疑，诸王宗室二百余人拥兵握政，盈布朝廷，全都虎视眈眈地盯着帝位，内外震恐。尽管景宗在世时全力支持萧绰，皇后"以女主临朝，国事一决于其手"，但景宗毕竟是正统天子，群臣各安其位，尚不敢萌生邪念。而今萧皇后失去景宗这一背景，茕茕孑立，局势马上变得险恶起来。

韩德让知道景宗临终交代下的，是一个多么沉重的任务；他也清楚，面对皇子年幼，"诸王宗室二百余人拥兵握政"的情况，如果处理不当，很可能又一次为争夺帝位而爆发宫廷政变。萧绰秘密召见韩德让和耶律斜轸，二人都表示支持萧绰，向其效忠曰："您可以完全相信我们。"这时，韩德让将自己的担忧分析给萧太后听，并陈述了自己解决目前危机的想法。

韩德让建议萧太后下诏让各诸侯王回到自己的领地，相互之间不得互通消息和见面，并随机应变，在合适的时机夺取他们的兵权，更换为自己的心腹。解除了宫廷政变的危险之后，萧绰在韩德让和耶律斜轸等人的"参决"下，宣布遗诏，立 12 岁的梁王耶律隆绪为皇帝，是为辽圣宗，尊圣宗生母萧绰为"承天皇太后"，称制摄国政。

韩德让因拥立有功而被委以总理宿卫事，参决大政。在这期间，他一方面主持朝廷政务，安抚臣民，一方面兼起保卫皇太后和幼年皇帝之责。韩德让对上京临潢实行戒严，以萧太后为首的领导核心，很快地稳住了局势，渡过了危机。

由此，太后、皇帝对韩德让愈加宠信。韩德让成了朝中权势最煊赫的大臣，并最终成长为深谙治国安邦之良策、心怀忠君建功立业之品格的政治家。他三次封王，除宫籍、赐国姓，被任命为大丞相，总摄北南两枢密府之政事，是契丹帝国历史上地位最高、宠遇最隆、声名最好的汉族名相，得到了连契丹贵族都难以得到的荣誉。

雍熙北伐：拿绯闻当情报的北宋君臣

契丹帝国平静地完成了政权交接，内部稳定了，外部的风言风语却弥漫开来。

当时帝国皇帝年幼，母亲萧绰摄政，偏偏宠信一个汉族男人。年轻的寡妇倚重年龄相当的臣子，这种情况在契丹人看来也许没什么大不了的，但是在读了多年圣贤书的中原人看来就觉得大大地不适宜了。于是，一些关于萧太后与韩德让之间的流言蜚语散布开来，继而成了绘声绘色的故事，甚至公然地写进了史书，生生地将故事变成了正史。

《乘轺录》记载，萧、韩二人年幼时即已相识并私订婚约，但是景宗横刀夺爱，一对爱侣活活被拆散。萧绰"后"门一入深似海，后来生了耶律隆绪，才慢慢淡了对韩德让的思念。直到景宗死了，登基的耶律隆绪年纪小，韩德让当时又掌握帝国兵权，萧太后怕他不利于自己的儿子，于是开始跟韩德让套起交情，"吾尝许嫁子，愿谐旧好，则幼主当国，亦汝子也"。韩德让欣然同意，"自是德让出入帷幕无间然矣"。甚至还有记载说，萧太后不但因妒杀了韩德让的妻子自己下嫁，还跟韩德让生了个孩子，使故事圆满得像真正的历史。

可是这些记载都出自宋人的著录。其实契丹社会婚姻自由，"离婚"和"改嫁"都不是什么需要遮遮掩掩的事情，如果真有此事，早就大大方方地承认了。

事实证明，将女人贞节看得比国家大计还重的只有汉族男子，他们的推己及人在契丹社会碰了个大钉子。当时的雄州知州贺令图及其父岳州刺史贺怀浦等人听说了萧太后的风流韵事之后，如获至宝，联同文思使薛继昭等人相继向宋太宗进言："如今契丹主年幼，国事决于其母。而其母与韩德让不清不楚伤风败俗，定然招来国人痛恨，辽国肯定内乱，上下不齐心，会有谁愿听一个败坏妇德的女人指挥？现在正是对辽用兵的大好时机。"

宋太宗听了众人连篇累牍的汇报，也认为很有道理，终于下定了用兵的决心。于是，在统和四年（986）的三月，宋太宗置契丹已做好全面准备并积累了大批骏马粮草的情形于不顾，发动了大规模的"雍熙北伐"。

辽宋之间就此展开了多年的战争，最终双方在澶渊以盟约修好，在中国历史上正式形成了辽宋对峙的局面，并以法律的形式承认了幽云十六州属于契丹帝国，结束了为此多年不息的争战，进入长达百余年的相对和平的时期。这使得萧绰的功业更为契丹人民所景仰。就在这一年，辽圣宗再一次为母亲加进尊号，使萧绰的尊号从统和元年的"承天皇太后"、统和二十四年的"睿德神略应运启化承天皇太后"，一直加到了"睿德神略应运启化法道仁洪圣武开统承天皇太后"。

契丹帝国的政局从景宗开始逐渐趋于平稳，国力逐渐恢复。这时的南方也正慢慢地结束纷争、走向统一。

赵匡胤在后周世宗逝世后，重演了郭威"被逼"称帝的戏码，在陈桥驿黄袍加身当了皇帝，建立北宋，即宋太祖。他和他的弟弟赵光义，借由世宗打下的良好基础，用了近二十年时间统一了中原。放眼中国境内，为敌者，只有契丹帝国最为强势。

北宋建立之初，契丹帝国与之共发生过五次较大规模的战争。

第一次正面的冲突，是由北宋攻打北汉引发的。由于当时景宗刚刚即位，新帝忙于进行内部改革，无暇南顾，对宋的侵扰，只是采取防御战略，对它的属国北汉也"训令"不得随意惹是生非，维持边境现状。但是退让没有换来和平，赵匡胤消灭北汉之心反倒更加坚定。北汉在赵氏的攻击下不得不向景宗紧急求援，契丹帝国被迫出兵支援北汉，击退了北宋的军队，并与其议和。北线战败的宋廷，于是将精力用在了南方。等统一江南之后，宋太祖又回头想再次灭北汉。辽保宁六年（974）九月，宋太祖派潘美等将领进攻北汉都城太原，结果在北汉和契丹的联合抵抗下兵败而归。十一月，宋太祖在"斧声烛影"中离奇病故，弟弟赵光义即位，即宋太宗。几年之后，宋太宗又亲自领兵讨伐北汉，这一次契丹同样派兵救援，结果在渡河时被宋军击败，五员将领被杀，而契丹的属国北汉，也在这次战役中被宋灭掉了。

第二次战争，是北宋挑起的高梁河之战。刚刚取得胜利的宋太宗过低地估计了契丹帝国的力量，兴奋地打算一鼓作气将燕云地区收复。但当时的契丹帝国不同于羸弱的北汉政权，经过景宗几年的整治，国力开始恢复，已不再处于几年前被迫迎战的形势了。反观北宋将士们，大战之余，已疲惫不堪，原来满怀希望征服北汉能得到休息和赏赐的愿望，现在全部落空，还要徒步 600 余公里，越过连绵险恶的太行山脉，去进攻庞大的强敌，抵触情绪很大。北宋朝中的文臣也提出由于连年战争，军需严重不足，难以支持长久作战，实在需要休养生息。但已经被胜利冲昏头脑的宋太宗拒绝采纳任何反对意见，他坚信"成大事者不谋于众"的格言，一意孤行地向北进发。

战争开始时，契丹帝国处于弱势地位，易州刺史献城投降，北宋大军开到涿州，再次兵不血刃。宋军兵锋直指帝国的南京城（幽州，今北京）。一个月后，北宋大军抵达南京城外。守卫南京的将领耶律奚底和宋军在沙河初次交战，被宋军打败，退到了清河北面。宋军将南京包围起来，帝国军队在韩德让的统领下坚守不出，等待援军。景宗见形势紧急，派名将耶律休哥领重兵相救。耶律休哥将军队分为两路，一路只有 5000 人，佯装主力去南京城下引诱宋军交战。而另一路3万主力骑兵则在夜里绕行南面，到了宋军的背后。号令之下，3万精锐以席卷之势猛攻宋军。在现在北京市西南的高粱河一带，双方展开了激战，北宋愤怒而疲惫的士兵乘醉战时叛变，宋军崩溃，宋太宗腿部受伤，狼狈逃回涿州，这时追兵赶到，赵光义已不能骑马，只好爬上驴车奔驰，才算逃脱。这一战，宋军损失惨重，元气大伤。

很快，契丹与北宋之间第三次大规模的军事冲突——满城之战又爆发了。高粱河一战，契丹帝国取得了全面的胜利，为了报北宋围困南京之仇，景宗下令讨伐北宋。宋军开始时按照宋太宗的命令将军队布成八阵，每阵距离百步。与战友相距甚远使士卒们非常恐惧，没有斗志。宋将赵延进登高望去，只见契丹军队东西相连，前不见头后不见尾，于是对负责排列八阵的崔翰说："陛下将边关之事委托给了我们，是希望我们能克敌制胜，现在敌人的骑兵一字排开，虎视眈眈，而我们却分散布阵，如果敌人猛攻，那我们将怎么应付？我看不如将兵合为一处，这样才可能与敌人一决雌雄。虽然违抗了陛下分兵布阵的命令，但我们却取得了战役胜利，这不比兵败辱国更好吗？"崔翰心里没底地问："万一不能取胜，那该怎么办？"赵延进说："如果兵败丧师，我来承担全部责任。"崔翰仍然觉得不应该擅自改变皇帝的意旨。正在犹豫不决时，镇州监军李继隆也劝说崔翰："用兵贵在随机应变，怎么能以事先的预料情况约束自己呢？违抗诏命的罪名由我一人承当。"崔翰听了监军的话，这才下决心改变布阵方式，将宋军分成两阵，前后互相呼应。士卒们也很高兴，士气得到恢复。

在决战之前，宋军诈降诱敌深入，契丹帝国的督统韩匡嗣信以为真，想纳降，经验丰富的耶律休哥赶忙劝阻道："宋军军容整齐，锐气十足，肯定是不肯屈服的，这是诈降来引诱我们上当。我们应该严阵以待，静观其变。"文人出身的韩匡嗣立功心切，哪里听得进去他的话，执意准备纳降，因而放松了警惕，结果被宋军突袭成功，两阵合攻辽军，韩匡嗣仓促应战，无法抵御宋军的强大攻势，士卒们纷纷丢掉兵器逃命，韩匡嗣更是扔下军队逃得无影无踪。宋军在乘胜追击时遭到了耶律休哥的顽强抵抗，只得退回，契丹帝国这才免于全军覆没。

第四次对战是瓦桥关之战。满城决战第二年的三月，契丹再次用十万重兵围攻雁门（今山西雁门关），宋的代州刺史杨业领兵大败契丹军队于雁门之北。杨业就是《杨家将》中的老令公杨继业，当时的人们都叫他杨无敌。在辽宋战争中，杨业赢得了极高的威望，不但北宋军民真心拥戴，契丹人也很尊重他。到了十月，景宗亲自赶到南京，领兵伐宋。先是围攻瓦桥关（今河北雄县旧南关），宋军救援，被早有准备的耶律休哥击败。宋军守将张师想突围而去，景宗亲自督战，耶律休哥临阵指挥，最后张师战死，宋军败退回城中。契丹帝国军队隔河与宋军对峙，耶律休哥则率领精锐骑兵强渡，过河与宋军决战，宋军不敌，大败而退。辽军又追到了莫州（今河北任丘），与宋军再次决战。宋军损失很大，几员战将被俘，但契丹的军事实力也遭到重创，无法取胜，只好退兵。耶律休哥因为瓦桥关一战立下战功，被晋升为契丹帝国的于越。

在瓦桥关决战之后两年，982年的四五月间，景宗再一次亲自领兵伐宋，但被宋将崔延进打败，只好退回。这是景宗在位时与宋廷的最后一战。当年的九月，辽景宗到达云州（今山西大同）境内，游猎于祥古山（今河北宣化境内）的时候得了病，最后在赶往云州的途中死于焦山（今山西大同西北）。

耻辱 VS 双赢：带有近代国家关系色彩的"澶渊之盟"

公元986年，宋太宗听了两个边关将领的汇报，说契丹"主幼国疑"，此时北上必定胜利。听了这个汇报的宋太宗大为高兴，再次向契丹帝国发动攻击，因这一年是北宋雍熙三年，这次战役又被史学家们称为雍熙之役。这时，在契丹国内，确实是"主少"，新即位的圣宗皇帝还不满14岁。

宋朝选择这个"主幼国疑"的时候攻击契丹帝国，多少都有点欺负孤儿寡母想乘机占点便宜的意思。结果，宋家皇帝的如意算盘还是打错了。当时北宋的东路由征服南唐的将领曹彬率领，出涿州（今河北涿州）；西路由征服南汉的潘美率领，出雁门（今山西代县）。但这两位都是对内有余、对外不足的"窝里凶"人物。东路军在歧沟关（今河北高碑店西北）被契丹军队迎头痛击，像山崩一样溃散；西路军在飞狐口（今河北涞源）惨败。

大将杨业正在前方节节胜利，听到消息，即行护送归附的汉人向内地撤退。杨业是这次战役中唯一的胜利者，但是，优异的作战表现并没有给他带来什么好处，反倒引起了同僚们的妒忌，招致杀身之祸。潘美答应他在陈家谷（今山西朔州市南阳方口）留下重兵接应，杨业一路血战，勉强抵达，却远远发现谷口无一兵一卒，不禁放声大哭，最后全军覆没。

按照《辽史》的记载，杨业最后转战到狼牙村（今朔州市狼儿村），被包围。因杨业在帝国军中很有名声，统帅下令只能生擒，不准杀死，所以，兵将们很难抓住他。杨业边战边退，之后，战马受了重伤，行走不便，退到树林中坚持战斗。最后是萧挞凛望见杨业的战袍影子后，射了一箭，杨业中箭从马上摔下，这才被俘虏。萧太后深知杨业的才干，几次派人劝他投降，杨业坚决拒绝，绝食三天而死。

杨业是宋朝最有名的将领之一，他的骁勇和被出卖后的壮烈殉国，使他成为中国民间传说中的祖父型英雄。很多作品都在描述他和他的妻子佘太君，以及他的子女们，即"杨家将"一门在跟契丹帝国的无数战役中所立的功勋。在这些传说中，害死老令公的，是契丹帝国的将领，殊不知，真实的原因，完全是北宋将领的妒忌和欺骗。看来在宋朝历史上，冤死在自己人手里的，不止岳飞一人。

雍熙之役，再次以北宋的惨败告终。此后的北宋，在与契丹的多次战役中，可以说是屡战屡败，宋太宗终于为自己欺负孤儿寡母付出了代价。事实证明，女人，尤其是做了母亲的女人是不能欺负的。

帝国的军队，在亲征的太后萧绰及年幼的圣宗皇帝的指挥下，不但击退了北宋的进攻，还在此后的几年中多次率兵南下。在统和二十二年（1004）八月，萧太后、圣宗率大军以收复失地为名大举南下。契丹军队采取避实就虚的策略，绕过许多宋军坚守的州县，直趋黄河边的澶州（今河南濮阳），大有直逼北宋都城开封之势。宋廷震恐，朝中大臣在如何对付契丹进攻的问题上，出现了主张迁都逃跑与坚决抵抗两种意见。大臣王钦若主张放弃东京逃跑，迁都昇州（今江苏南京），陈尧叟主张迁都益州（今四川成都），只有新任宰相寇准等少数人力主宋真宗亲往澶州前线督师，以振士气。

很快，契丹军队抵达澶州北城，随即对澶州北城展开三面围攻。就在宋真宗进入澶州督师后不久，两军开战。当时北宋有一种武器叫床子弩，用二三张特制的大弓射箭，能射出三里多地，威力惊人，宋将用它射杀了辽军先锋萧挞凛，极大地动摇了契丹军心。再加上此时帝国军队深入中原腹地已久，供给线过长导致粮草不足，于是萧太后暂缓攻城，有意接受宋的建议，与之议和。宋军方面，由于宋真宗御驾亲征，士气高涨，集中在澶州附近的军民多达几十万人，局势明显对宋军有利。但是北宋的皇帝，从宋真宗开始，一直到北宋灭亡，都是长于深宫妇人和宦官之手，从来没有见习过兵仗，对打仗有着本能的畏惧，这时见议和有希望，马上应允，只盼契丹军队能够尽快北撤，代价再高也无妨。

于是两国的和谈就此开始。契丹提出的议和条件是要宋朝"归还"后周世宗北伐夺得的"关南之地"。宋方的条件则要软弱得多。只要契丹退兵，宋朝愿意以金帛代地，每年拿出一定数量的银、绢作为补偿，但不答应领土要求。协议最终按宋方的条件达成。剩下的问题就是每年给辽国银绢的数量。宋使曹利用就此请示真宗，宋真宗说："逼不得已，一百万也可。"意思是，只要不割地，能讲和，契丹就是索取百万钱财，也可以答应。曹利用承旨后，刚从行宫出来，就被一直守候在门外的寇准拦住。寇准问明情况后，警告曹利用说："虽然有圣上的旨意，但你去交涉，答应所给银绢不得超过 30 万。否则，你一回来我就砍你的头！"曹利用被寇准一吓，立即悚然，喏喏应命而去。经过谈判，曹利用果然以 30 万银绢谈成。宋辽双方在澶渊交换誓书，契丹撤兵而还。

和议约定：

1.辽、宋约为兄弟，宋真宗年长为兄，辽圣宗年幼为弟，双方使者定期互访；

2.宋朝每年交给辽朝绢 20 万匹、银 10 万两；

3.沿边州军各守疆界，两地人户不得交侵，不得收容对方逃亡"盗贼"；

4.双方不得创筑城堡，改移河道。

这个宋辽双方在澶州城下达成的休战协议，历史上称为"澶渊之盟"。今濮阳市县城内尚存有"契丹出境碑"，也称"回銮碑"，诗文为宋真宗所作寇准所书，记载的就是这件事。好笑的是，和议达成后，宋真宗询问结果，曹利用伸出三个指头。宋真宗误以为给了辽国三百万，大吃一惊，说："太多了！"但想了一想，又觉得谈判既已成功，也就算了，遂说："三百万就三百万吧。"后来，宋真宗弄清了只给辽绢 20 万匹、银 10 万两，合计才 30 万，不到宋年财政收入的千分之五，大大低于早先的估计，不禁大喜过望，重重奖赏了曹利用，甚至写诗与群臣唱和，以此来庆祝。

传统观点认为"澶渊之盟"对宋朝而言，是个屈辱性的条约，宋朝没能在开国之初，一鼓作气攻下契丹，既承认契丹帝国的存在，又开"岁币"之滥觞，导致此后两宋之积弱，使宋朝繁荣的局面江河日下，最终走向灭亡。但实际上，"澶渊之盟"是中国历史上一个意义重大、影响深远的历史事件。蒋复璁老先生曾经给"澶渊之盟"这样一个评价："影响了中国思想界及中国整个历史。"

应该承认，辽、宋"澶渊之盟"的缔结，契丹帝国在经济上是绝对的赢家：不仅使当时身处战局已现弱势的契丹军队安然从险境中脱身，还获得了战场上本来得不到的岁币。当时的契丹经济不发达，赋税收入也不高，每年银 10 万两、绢 20 万匹的岁入确实是一宗很大的收入，这对丰盈国库、发展经济、壮大帝国实力，以及对契丹帝国鼎盛局面的形成，无疑起到了重要作用。

这个盟约还给契丹帝国带来了更大的政治利益。"澶渊之盟"改变了传统的中原王朝是老大的观念，此盟书一经签订，北宋的地位一落千丈。尽管此前的辽宋之战，北宋也没占过多少上风，但是如今将弱势明明白白地写在了白纸上，任凭你再怎么给自己找借口也抵赖不掉了。契丹帝国因此声名远播，威震四方，其影响力一直到达中亚地区，确立起东亚强国的地位。

然而只要仔细算一下这笔账就会发现，事实也不是如传统史学家认为的那样，北宋彻底地被契丹帝国敲诈了。

宋朝在中国历史上被称为"文人的时代"，知识分子在整个统治阶层中占有极高的比重。这一现象，与北宋的立国有关。当年后周的统兵者赵匡胤就是黄袍加身当了皇帝的，而在之前的五代，每个开国之君都是武将出身。这使得北宋开国之后，最先做的事情，就是"杯酒释兵权"，解除武将们对皇位的威胁。终宋之世，将重文轻武进行到底，不可避免地使北宋将领乃至军队的整体素质下降。长期的战争让宋朝力不从心，可以说是不堪重负。

在冷兵器时代，马是非常重要的。北宋的战马大量依赖进口。不幸的是，契丹帝国控制着北宋战马进口的通道，《宋史》记载986年宋太宗北进失败后，由于契丹阻断马匹入境，朝廷于翌年"遣使市诸道民马"，缺马程度可见一斑。再加上连年的征战，宋军主力一旦移师深入，契丹军队就给他们迎头痛击，高级将领阵亡许多，这使得北宋在很长一段时间内无武将可用。可以说，"澶渊之盟"所开创的和平局面，实际上也给北宋的发展带来了最好的空间，北宋同样是这个盟约的受益者。

从中华民族的发展史来看，"澶渊之盟"结束了辽、宋之间连续数十年的战争，使边境长期处于相对和平的稳定状态，促进了南北经济和文化的发展。至于岁币的数目，30万的岁贡和迁都比起来，代价简直不值一提。宋真宗一开始有胆量开出100万的价码，也绝不是心血来潮。当时宋廷年收入一万万贯以上，一场中等规模的战事所耗费的军费就高达3000万，比较起来，30万很合算。

萧家有本难念的经：让人寒心的娘家人

表面看起来，萧太后的日子过得很舒心。丈夫在世时，身体虽然不是很好，但是两人十分恩爱，甚至可以说到了专宠的地步。丈夫去世后，儿子耶律隆绪即位，小小年纪却已经十分懂事。朝中有一批贤能之士辅佐，对其他政权的战争也取得了开国以来最大、意义最为深远的胜利。不过，正所谓家家都有本难念的经，皇族的那本经，难念的程度更非同寻常。

早在萧绰刚入宫时，景宗为了笼络当时手握兵权、同样是皇族血脉的太宗次子齐王罨撒葛，将萧绰的大姐萧胡辇嫁给了他。然而出嫁后的萧胡辇嫁鸡随鸡，转而为丈夫愤愤不平起来。下嫁不久，齐王便在景宗保宁四年（972）的闰二月死去，被追封为皇太叔。寡居的萧胡辇因此成了皇太妃。她虽然怨恨这桩短命的婚姻，但也无可奈何。和妹妹一样，萧胡辇能征善战、敢爱敢恨。辽圣宗统和十二年（994）八月，她以"皇太妃"的身份率三万兵马屯驻西北，平定西北边境，并于统和十五年三月取得大捷。

　　就在这个地方，萧胡辇在巡视马场时对一名相貌俊美的奴隶挞览阿钵一见钟情，立即召之侍寝。萧绰得知消息后大怒，她并不反对萧胡辇再嫁，只是堂堂皇太叔正妃与奴隶燕好，太失身份，于是下令将挞览阿钵施以刑罚，赶往远方。挞览阿钵离开之后，萧胡辇空闺寂寞，郁郁寡欢，一年后终于忍不住向萧绰提出请求，一定要嫁给挞览阿钵。萧绰这时气头已过，想想自己确实对姐姐不够体谅，便答应了她的要求。为使两人匹配，她将挞览阿钵封为将军，并令他带兵西征鞑靼为国立功，以平国人之口。然而姐妹之间的感情，至此却已完全破裂，萧胡辇对萧绰多年来妒恨交加，挞览阿钵更对那一场痛打牢记在心。经过一段时间的经营，萧胡辇决定为前夫报仇、为后夫出气。她计划带着自己的党羽，从原本由自己把守的西北边境出逃，与骨力札国联合举兵谋反。然而很快就走漏了风声。萧绰闻讯，立即先发制人，于统和二十四年五月将萧胡辇夫妇一举擒拿，先后囚禁在幽州和怀州两地，并于次年六月将二人赐死，其余主要党羽全部活埋。

　　除了萧胡辇，萧绰的二姐、赵王喜隐之妃也对萧绰妒恨入骨。当然，世上有权力欲望的男人都愿做皇帝，而有权力欲望的女人都愿做皇后、太后，赵王妃也不例外。在嫁给喜隐之后，她全力支持丈夫的谋反大业。谁知老天不佑，喜隐虽有锲而不舍的毅力，却屡叛屡败，终于使自己饶无可饶，于景宗乾亨四年七月被赐死。世人皆知，景宗朝的内外政务都决于皇后萧绰一人之手，赵王妃因此对自己的妹妹刻骨痛恨。后来她试图以宴饮为名毒死萧绰，却被婢女告发。萧绰不得不对二姐"以其人之道，还治其人之身"，用毒酒鸩杀。

除了两个姐姐与自己不齐心之外，萧绰的一位女婿也让她伤心透顶。

萧绰共有四子三女，儿子：辽圣宗耶律隆绪、梁王耶律隆庆、楚王耶律隆祐、早夭的耶律郑哥；女儿：齐国公主耶律燕哥、卫国公主耶律长寿奴、越国公主耶律延寿奴。萧绰对儿女们倾注了母亲的全部爱惜，既对他们百般疼爱，也对他们严格要求。在她的全力培养下，除了出色的圣宗，隆庆也是一个战功赫赫的将才，隆祐虽然体弱多病，但相貌俊美，喜好文学道教，也算是出色的人才。萧绰将大女儿嫁给了自己的弟弟萧继先，二女儿嫁给了国舅少父房之后萧排押，这两个女婿都战功卓著，为人谦虚宽仁，很让萧绰喜爱。然而三女婿萧恒德（二女婿之弟）却狠狠地伤害了萧绰的爱女之心。

萧恒德本来也是一位能征善战的将军，为辽国立下了不少功劳，他作战之时身先士卒，非常英勇，还因此负过重伤。然而战场上骁勇善战，并不意味着他不会做害人害己的蠢事。在公元996年，越国公主延寿奴因为生育而患病，心疼女儿的萧绰便将自己宫中的女官贤释派去侍候。谁知萧恒德竟然见色起意，不等妻子病好便迫不及待地与贤释勾搭成奸，甚至当着公主的面眉目传情。越国公主被气得病势越发严重，终于不治身亡。

作为一个母亲，萧太后在得知女儿身亡的底细之后，顿时怒不可遏，一面将女儿出生未满月的儿子养在自己身边，一面立即将驸马萧恒德赐死，为公主殉葬。在家事国事的纷扰中，其他的儿女还是让萧绰很省心的。他们对母亲都发自内心地敬爱，一切都以萧绰的心愿归属为自己的意志转移。

在统和二十七年（1009）的十一月，享受着儿女孝顺的承天皇太后萧绰为儿子举行了契丹传统的"柴册礼"，将皇权交还给了耶律隆绪。决定从此结束她在景宗、圣宗年间40年有余的"摄政女皇"生涯，去南京（今北京）安享晚年。不幸的是，就在南行的途中，萧绰染上了疾病，十二月初，她逝于行宫，终年57岁。

萧绰的死令圣宗悲哀异常，寝食俱废，一直哭到呕血。圣宗为母亲上谥号为"圣神宣献皇后"，隆重安葬于乾陵。

有人称萧太后是一个可以媲美武则天的女子。比较起来，不得不承认，萧太后的功勋并不下于武则天，但却拥有比武则天更多的幸福。

北国"小尧舜"：圣宗亲政后的全盛帝国

"澶渊之盟"后，当年那个跟在母亲后面的小男孩慢慢长大，到了可以亲政的时候，从母亲手中接过的，是一个和平、稳定、国力上升中的契丹帝国。多年在母亲身边耳濡目染，圣宗极为重视汉文化，还精射法，晓音律，好绘画，崇信佛教和道教。他契丹文、汉文兼通，推崇诗人白居易，以契丹文翻译《白居易讽谏集》，所作曲达百余首。他十分推崇《贞观政要》，并认为唐太宗是"五百年来中国（原）之英主"。

统和二十七年（1009），承天太后死，圣宗开始亲政。在位期间，修订法律，减少契丹族人特权；释放奴隶，设置三十四部，户籍属有司；召汉族工匠，依汉制修建中京城。

自辽统和二十二年与宋缔结"澶渊之盟"后，主要向西部民族用兵。

开泰元年（1012），沿边诸部皆叛，阻卜（鞑靼）国兵进围镇州。开泰二年（1013），乌古、敌烈部叛。开泰六年（1017），契丹军远征喀什噶尔，声威远播于中亚。开泰七年（1018）大败于茶、陀二河之间。太平六年（1026），契丹军征甘州回鹘，失利，阻卜诸部复叛，寻被平复。西部数年的用兵，使契丹帝国在中亚的影响逐渐增强。百年后，耶律大石远走中亚，之所以能够立住脚跟，与此时开始的声名远扬是分不开的。

圣宗时期，帝国内部也发生了很大的变化。首先是刑法和科举等方面出现了重大的变革。圣宗下令修改了民族间的"同罪异论"法、"贵贱异法"法、奴主关系法并废除兄弟连坐法。兄弟连坐法的废除是我国历史上第一次公开明文废除连坐。奴主关系法的废除涉及家奴犯罪要送官府论处，主人不得擅杀。圣宗诏契丹族人犯十恶者依汉律论处。早先契丹族人与汉人相殴致死，判罪轻重不同；在圣宗和承天皇太后的主持下，改为同等科罚，一依汉律论处。

　　贡举取士制度在辽统和六年（988）开始实行，初行时每一年或两年举行一次，取录进士一至二名，统和后期至十多人，开泰元年（1012）以后则增至四五十人。

　　圣宗注重大力选拔人才，知人善任，使统治集团内部相对稳定。他尤其注意重用有才干的汉族官员，并吸收更多的汉族知识分子进入政权。在他们的帮助下，进行了许多封建化改革，如提高奴隶的地位，使他们和平民地位相近，禁止残杀奴婢。统和十三年（995），辽圣宗诏诸道民户，辽应历以来胁从为部曲者，仍籍州县。开泰元年（1012），诏诸道水灾饥民，质男女者，自来年农历一月起，日计佣钱十文，价满则尽遣还其家。

　　统和六年，一位公主杀死了一个无辜的奴婢，公主被依法降为县主，驸马也受到处分。这些都是奴隶制因素削弱的证明。在辽圣宗所新增置的三十四部中，撒里葛、窈瓜、讹仆括、稍瓦、曷术等部，都是取诸宫及横帐大族所有的官私奴隶改置的。他们改隶各部之后，设节度使管理，籍属有司，其身份已不再是奴隶。封建化因素的增强与汉化的加深说明封建制的统治在逐渐确立。

　　圣宗又改革赋税制度，让农业奴隶一方面按田亩向主人交租，另一方面向政府纳税，税钱可以折成粟稻交纳，称为"二税法"，使农业奴隶成为封建生产关系中的农奴，促进了社会经济的发展。在圣宗统治时期，帝国的国力达到全盛。

　　圣宗亲政后，在对内对外方面都做了不少重要的事情。他在位的 40 年时间里，契丹帝国进入鼎盛时期，因此被称为"小尧舜"。

长堤蚁穴——从内部垮掉的帝国

契丹帝国似乎离不开女强人。在萧太后辞世之后，萧家的女人们沉迷于诗词、巧思，完全丢掉了祖先的英武雄浑。失去了女人支持的耶律家的男人们也好像丢了魂，进退失据，做事毫无章法，偏偏还都长寿赛神仙。于是，雄霸百余年的契丹帝国不可避免地滑向了崩溃的深渊。

第十章
庸主佞臣交相映——疲态尽显的老大帝国

辽圣宗堪称一代圣君，可圣君也有烦心事。这事旁人还帮不上忙，因为让他烦心的是自己的女人们。也不知道是哪根筋出了问题，后宫佳丽他看不入眼，偏偏喜欢上了性格乖戾、相貌丑陋的耨斤。这个小宫女倒也确实厉害，一下子给他生了两个皇子，连皇帝也怕她三分，以至于临终前不得不哀求她放原配齐天皇后一马。

大概是让糟糕的奶奶搅乱了心智，抑或是害怕后宫乱政，新皇帝耶律洪基干脆把权力交给宠臣，连妻子、儿子也不相信了。

两个女人斗法：旁人无法插手的家务事

圣宗去世之后，将皇位传给自己 16 岁的长子耶律宗真，即兴宗。让一辈子英明的圣宗没有想到的是，自己尸骨未寒，妻子就完全不把自己的话当回事了。后宫女人的夺权斗争在圣宗的灵柩前就开始了。

继任的兴宗皇帝并非皇后嫡出，而是为宫女耨斤所生，由圣宗皇后菩萨哥（齐天后）收养。齐天皇后是韩德让的外甥女。因为韩德让被赐姓"耶律"，按照契丹社会的婚姻法则，他的姐妹只能嫁给萧氏。萧皇后的父系出于契丹，但并非望族，因此史书对她的娘家著述极少。萧太后因宠信韩德让而纳其外甥女为后，于是齐天在12岁时就嫁给了辽圣宗。这位皇后"美而才"，不仅模样漂亮，还有巧思，曾主持制作九龙恪、白金浮图等物，"人望之以为神仙"，圣宗皇帝也对她宠爱有加。可是这位皇后生的两个儿子很早就夭折了，无奈只好"领养"了宗真，并视如己出，倾注了全部的母爱。

宫女耨斤则与齐天皇后相反，她相貌十分丑陋，性格也不讨人喜欢，宫中上下没有人喜欢她。但是她却生了两个皇子，其中一个还是皇长子。她还有一批好兄弟。大弟弟萧孝穆，在圣宗统和末年为西北路招讨都监，屡有军功，拜北府宰相，又知枢密院事，封燕王。圣宗太平九年，萧孝穆还与另一个弟弟、东京留守萧孝先讨平渤海大延琳之乱，留守东京，赐佐国功臣。萧孝先则一役成名，改守上京。耨斤生了宗真之后，虽然被册封为元妃，但是儿子却被齐天萧皇后抱过去当作亲生儿子抚育。几年之后，萧耨斤又生了一个儿子，就是耶律重元。萧耨斤把全部的母爱都给了这个小儿子，对大儿子则完全是生疏的。

圣宗还没咽气，萧耨斤就咬牙切齿，当面辱骂萧皇后："老女人，这回再没人宠你了吧！"她派左右太监把萧皇后软禁起来。圣宗在临死之前，似乎已经预见了宠爱的原配妻子的下场，忍不住又做了些努力。弥留之际，还嘱咐萧耨斤要善待齐天皇后。

也许圣宗不求情还好，这一求情反倒更加激发了萧耨斤的妒意。圣宗原本立遗诏，立皇子耶律宗真为皇帝，立齐天皇后为太后。但是刚刚咽气，遗诏就被萧耨斤一把火烧了个干净。而且还"自立为皇太后，是为钦哀皇后"（一直不明白，史书上一直称其为"钦哀"皇后，但是庆陵出土了她的墓志，明明就是"钦爱"。古代这两字是通假，还是书史者觉得她不配一个"爱"字？搞不懂，提出以供大家讨论），又称法天太后。

萧耨斤主政后，马上让自己的家奴诬告齐天太后的弟弟、北府宰相萧钽不里与族人欲同齐天太后谋反，杀掉数人，打击太后的家族势力。法天太后的家族势力本就强大，齐天太后在朝外，可以说连个强有力的后援都没有，圣宗在世时，还有丈夫可以做靠山，丈夫一死，就完全不是法天太后的对手了。

在法天太后想着怎么处理齐天太后时，齐天太后的另一个"靠山"给她出来讲情，这就是被齐天一手抚养长大的儿子耶律宗真。他恳求法天说："皇后侍先帝40年，抚育我成人，本来应该为皇太后，现在不但没有得到应有的头衔，反而要加罪于她，这怎么行呢！"钦哀太后狠着心告诉儿子说："她如果活着，对我们是一个后患。"耶律宗真却说："皇后年老又没有儿子，虽然健在，也是无所作为了。"钦哀太后见耶律宗真不听她的话，就自行将齐天太后迁到上京囚禁，不久又觉得做得不够彻底，于是派人去刺杀。刺客到了齐天太后处，这位身陷囹圄的女人已经知道自己的死期到了，于是平静地对刺客说："我的清白，天下人都是清楚的。等我沐浴更衣，让我也死得清白，可以么？"刺客闻言，也心生怜悯，于是退下了。当他返回时，齐天太后已经自绝于室内。

法天太后得知情敌已死，开始大肆处置大臣，然后临朝称制，夺取了政权。也许丈夫和儿子不替齐天太后求情，法天还不会这么坚决地处死齐天。作为妻子和母亲，丈夫和儿子全都不认可，这无疑是对她最大的打击。

兴宗的求情，使得她对这个虽然亲生却毫无感情的儿子彻底地不信任了。公元 1034 年，法天太后与自己的弟弟们密谋废黜耶律宗真，另立少子耶律重元。可是年少的耶律重元根本不知道做皇帝意味着什么，偷偷向耶律宗真告了密。耶律宗真赶紧先下手废黜了法天太后，并派卫兵出宫，召舅舅萧孝先觐见，告诉他自己要废太后的想法。心虚的孝先震慑当场，不能对答。于是法天太后被自己的儿子押到了庆陵囚禁，大有恩断义绝之意。虽然兴宗后来在劝阻之下迎回了母亲，但是母子之间巨大的裂痕却永远都无法抹平了。

崽卖爷田不心疼：连年征战虚耗国力的辽兴宗

争权胜利的兴宗皇帝，向往着跟自己的父亲一样，开疆扩土，再创帝国辉煌。遗憾的是，这时候的帝国已经开始走向腐化。长期的兴盛和平局面滋生了契丹贵族的腐朽倾向，兴宗本人不但无所作为，反而更为奢侈，极端迷信佛教。朝野上下奸佞当权，政治腐败，百姓困苦，军队衰弱。

面对日益衰落的国势，兴宗仍然连年征战，多次征伐西夏，逼迫宋朝缴纳更多岁币，企图以此来转嫁国内矛盾，但战争并没有缓解国内矛盾，反而使百姓怨声载道，民不聊生。

早在兴宗即位之初，就把姐姐兴平公主许配给了西夏元昊，纯粹的政治婚姻使得夫妻二人关系一直不和睦。后来，兴平公主病重，元昊仍旧搂着别的美女狂欢，对公主不闻不问。直到公主病死，元昊才向帝国皇帝"汇报"此事。兴宗闻讯大怒，当即派人持诏"切责"元昊。

没多久，帝国内部的党项族叛乱，兴宗派军前去镇压，元昊却派兵救援，还把帝国的招讨使也杀掉了。新怒旧怨之下，兴宗在国内征调人马，连出三路大军，共十万精兵，渡过黄河，直奔西夏杀去，一路顺利得未遇任何抵抗。最终，帝国军队在贺兰山北麓发现元昊部队，于是纵兵进击，把西夏军杀得大败。元昊欺负惯了不善作战的北宋，遇到与自己旗鼓相当的对手，难免信心不足，尤其是当他看到帝国源源不断的增援士兵，心中大惧，赶紧派使臣向兴宗谢罪请降。

原本兴宗是想见好就收的，但臣下、韩国王萧惠等人不答应，极力怂恿兴宗一鼓作气，扫平元昊，以免日后再生祸患。思来想去，兴宗也觉得有理。于是，以萧惠为前锋，又朝元昊的西夏军杀去。元昊见势不妙，边撤退边坚壁清野，烧掉一路上所有的粮草和居所，连撤一百里之遥。帝国的十万大军本来要以战养战，被元昊大火一烧，人粮马料皆成了大问题。特别是契丹战马，因为缺少草料，病亡大半。这时元昊又恰如其分地派人"请降"，帝国君臣正在大营计议，元昊忽然发起猛攻，直袭萧惠大营。萧惠整军出战，又把元昊打得大败。帝国军队正待追击，忽然天起大风，西北地区，大风一起就黄沙漫天，在草原生活的契丹人哪里见识过，顿时军中一片大乱。西夏军对这种风沙却习以为常，于是乘机反攻，俘获数十契丹贵族大臣。兴宗本人只与数十骑勉强逃脱，差点成为这位姐夫的阶下囚。此次大战发生于河曲（今内蒙古自治区鄂尔多斯市），故称"河曲之战"。

据《辽史·伶官传》所记，兴宗败后，仓皇逃命，其身边有个戏子名叫罗衣轻，生死关头还挺幽默，趁着兴宗驻马喘息时，刻意搞笑："陛下您看看鼻子还在吗？"西夏人对待战俘有个习惯，总是把俘虏的鼻子割掉，罗衣轻以此为笑想逗兴宗开心。兴宗此时刚捡得一命，听罗衣轻如此说，怒上心头，斥命旁人把罗衣轻宰了。时为太子的耶律洪基赶紧解劝："插科打诨的不是黄幡绰（有名的搞笑戏子）。"罗衣轻仍旧不肯服软，对道："行兵领队的也不是唐太宗。"继续拿兴宗找乐。从这段记载来看，语焉不详的兴宗征西夏，确实是落败而归的。

兴宗皇帝 40 岁即病死，在位 24 年，总体上讲，除了兴兵征伐西夏、奢侈崇佛之外，并无特别出格的折腾，大体上还算得上一位"贤君"。

家有一老，未必是宝：碌碌无为的长寿皇帝

兴宗皇帝死后，道宗耶律洪基即位。耶律洪基，字涅邻，兴宗长子，重熙元年（1032）生。6 岁封梁王，11 岁总领中丞司事，封燕王，12 岁总知北南院枢密使事，加尚书令，进封燕赵国王。此时，兴宗虽没有明确洪基的太子身份，却已有立储之意，注意对他个人品质和行为的考察，并对他接触和交游的人格外留心。

15 岁时兴宗为耶律洪基选了师傅萧惟信，他对惟信说："燕赵左右多面谀，不闻忠言，浸以成性。汝当以道规诲，使知君父之义。有不可处王邸者，以名闻。"为加强对他的培养、教育和约束，兴宗希望以正派人为其师友，使之逐渐疏远阿谀奉迎之徒，接近忠诚正直之士，以不负重托。耶律洪基 12 岁时领北南枢密使事，逐渐参与政事的处理，这种锻炼使他开始熟悉国政；21 岁时为天下兵马大元帅，知惕隐事，开始参与朝政。契丹帝国的储君，多曾任天下兵马大元帅，此时的耶律洪基，可以说是正式成了兴宗的继承人。重熙二十四年（1055）八月，兴宗死，洪基即位，改这一年为清宁元年。寿昌七年（1101 年，天祚即位后改为乾统元年）正月死，享年 70 岁，在位 46 年。

道宗的一生，《辽史》曾作过这样的概括：即位之初，"求直言，访治道，劝农兴学，救灾恤患"；此后不久，就"谤讪之令既

行，告讦之赏日重。群邪并兴，谗巧竞进。贼及骨肉，皇基浸危。众正沦胥，诸部反侧"。

考察他的所作所为，即位之初的表现，主要是指下列三事。其一，就是道宗即位诏书所言："朕以菲德，托居士民之上，第恐智识有不及，群下有未信；赋敛妄兴，赏罚不中；上恩不能及下，下情不能达上。凡尔士庶，直言无讳。可则择用，否则不以为愆。"其二，就是同年十二月，谕左夷离毕曰："朕以眇冲，获嗣大位，夙夜忧惧，恐弗克任。欲闻直言，以匡其失。今已数月，未见所以副朕委任股肱耳目之意。其令内外百官，比秩满，各言一事。仍转谕所部，无贵贱老幼，皆得直言无讳。"其三，在第二年六月，道宗"遣使分道平赋税，缮戎器，劝农桑，禁盗贼"。

考察这三件事，前两件仅闻其言，未见其行，后一件不知结果如何，坚持与否。可见这些不过是即位之初所做的姿态，其后并未认真实行。至于《辽史》中所言的道宗励精图治没几天就开始了腐败昏庸，倒是句句有所指，事事有所据，无一虚妄。

道宗皇帝是契丹帝国历史上寿命最长的一个皇帝。虽然古语有云："家有一老，如有一宝。"如果是个锐意治国的皇帝，活到古稀之年确实是个"宝"。可道宗在位日久，沉湎酒色，真正的文功武治都不及格。特别是他统治后期的皇后案、太子案，株连甚众，从根本上伤了帝国的元气。道宗的长寿，对于整个契丹的国运，并不是一件幸运的事情。

悔不该，当年抛了赤金冠：不合情理的皇叔叛乱

金庸先生的《天龙八部》是唯一一部以北宋为背景的武侠小说，描写的故事大约发生在 11 世纪的下半叶，其时中国正处在分裂的状态，宋、辽、西夏、大理、吐蕃等多个政权并存。书中三个主人公分别来自大理、契丹、宋三个政权，小说中有关中国历史的正面描写也主要体现在这三个政权之中。小说中描写的正是道宗在位时期，在其主政八年后，发生了"皇太叔之乱"，这是《天龙八部》中重点再现的一个历史事件。就在这次叛乱中，小说主人公萧峰力挽狂澜，协助耶律洪基平定了叛乱，其盖世英雄的形象和卓绝武功令人心折。

这个"皇太叔"之乱，也叫作"重元之乱"。我们前面曾经说过，在圣宗逝世、兴宗即位之后，帝国皇室曾经历了一场权力争夺。圣宗元妃、兴宗生母萧耨斤，诬陷圣宗齐天皇后萧菩萨哥谋乱，遣人杀害于上京，自立为皇太后，把持朝政。圣宗皇后抚育兴宗耶律宗真如己出，兴宗不忘抚育之恩，且认为她老而无子，对政事无妨，因而对生母萧耨斤所为颇有异议。萧耨斤对兴宗不满，重熙三年（1034）与其弟萧孝先等密谋废兴宗，欲立少子重元。

太后的阴谋，由于重元报告了兴宗而失败，兴宗收回太后符玺，将她幽于庆陵，夺了政权。由于重元提供情况有功，被封为皇

太弟，备受恩宠与信赖。在兴宗、道宗两朝，重元两次蒙赐金券，父子皆居显位，尊崇无比。兴宗在世时，还曾许下承诺，答应千秋万岁之后传位于重元。于是重元"更加骄纵不法……朝臣无敢言者，道路以目"。但是，兴宗显然并不想真正兑现自己的诺言，从长子耶律洪基6岁起，就开始培养他为自己的接班人；兴宗病重之际，又召洪基"谕以治国之要"。因此，兴宗死后，洪基顺利地继承了皇位，是为道宗。而耶律重元也就顺理成章地晋封为"皇太叔"，彻底跟皇位没关系了。

可是耶律重元已经不是当年那个什么事情都讲给哥哥听的小孩儿了。随着年龄的增长，他慢慢明白了皇帝是个什么东西，皇位意味着多么大的权力，而且法天太后和兴宗的言行也助长和鼓励了重元的权力欲，使他暗自懊恼当年放弃皇位是多么幼稚的一件事情。重元子涅鲁古已渐长大成人，他的权力欲望比其父有过之而无不及。因此，道宗的权力自其即位伊始就受到了这位皇太叔和堂弟的挑战。不过道宗对重元父子采取的依然是安抚策略，"册（重元）为皇太叔，免拜不名，为天下兵马大元帅，复赐金券、四顶帽、二色袍"，尊崇无比。涅鲁古则在兴宗朝封安定郡王、楚王，为惕隐；道宗即位后徙封吴王、楚国王，武定军节度使，知南院枢密使事，越来越多的封号并没有满足父子俩的权力欲，反而使其气焰更加嚣张。重元开始产生了取道宗而代之的想法。北、南面臣僚多怀疑重元与其子涅鲁古心怀叵测，道宗却浑然不觉。

涅鲁古建议父亲诈称有病，待道宗前来探望时动手行刺，但计划没有实现。接着又在清宁九年（1063）七月，策划在道宗行猎太子山时，袭击滦河行宫。皇太后宦官耶律良得到重元父子所作诗句，察觉了其中的阴谋，立刻报告了皇太后。太后称病，乘机将道宗唤至身边，将情况告诉了他。道宗却仍不以为然，认为是耶律良离间皇家骨肉。耶律良不得不反复解释："臣若妄言，甘伏斧锧。陛下不早备，恐堕贼计。如召涅鲁古不来，可卜其事。"太后也从旁提醒："此社稷大事，宜早为计。"道宗这才派人去召涅鲁古，使者果然被涅鲁古扣留。

后来使者逃回，报告详情，才引起了道宗的警觉。他召来南院枢密使、许王耶律仁先商议。仁先也说："此曹凶狠，臣固疑之久矣！"道宗便派仁先前往搜捕。仁先未及备马，涅鲁古等四百人诱胁弩手军已至行宫，情况十分危急。道宗欲到枢密院，仁先以情况不明，又担心重元等追击，苦留不放。在紧急情况下，"环车为营，拆行马，作兵仗，率官属近侍三十余骑阵柢枑外"。叛军因早有备，来势甚猛，道宗被射伤臂，乘马亦为所伤。护卫奋勇射杀涅鲁古，重元负伤而退。

黎明，不死心的耶律重元胁迫奚人猎户3000人再犯行宫。北院宣徽使、奚人萧韩家奴出阵晓谕奚人："汝曹去顺效逆，徒取族灭。何若悔过，转祸为福。"奚人并不知道那么多国家大事，一听这种做法将祸及族人，全都害怕了，纷纷投械首服。仁先等乘便奋击，追杀20余里，重元兵败自杀，这场叛乱才被平息。

当年让他当皇帝，他密报给哥哥；现在不该自己当皇帝了，却跟侄子抢，这个叔叔当得可真是让人无语。

失妻丧子：宠信乙辛的"好果子"

"皇太叔之乱"的平定，清除了耶律重元父子对皇权的危险，但是却成就了另一个祸国殃民的大奸臣，此人就是耶律乙辛。

清宁九年（1063），知北院枢密使事耶律乙辛由于参与了耶律仁先等人的平叛活动，从而取得了道宗的信任。"乙辛幼慧黠"，"及长，美风仪，外和内狡"，兴宗朝为文班吏，掌太保印，很得帝、后的欢心。道宗即位后，升任同知点检司事、北院同知、枢密副使。清宁五年（1059）为南院枢密使，改知北院，与仁先同处道宗左右。

当时，辽统治集团内部矛盾重重，皇太叔耶律重元父子觊觎皇位，驸马都尉萧胡睹等为其同党。南院枢密使耶律仁先等为重元党所忌，屡遭排挤。但仁先在兴宗朝即为宿卫，又久在枢密院任职，德高望重，屡建功于朝廷。此时乙辛初参国政，在国内的中枢机构中还立足不稳，不能不依赖耶律仁先。当涅鲁古、萧胡睹等企图以仁先为西北路招讨使，借此将他排挤出朝时，乙辛向道宗请求："仁先旧臣，德冠一时，不宜补外。"一方面显示了自己的忠诚、正直，一方面以此笼络仁先，巩固自己的地位。

但仁先与乙辛，忠奸迥异。当重元叛乱平定后，乙辛官及南院枢密使，进封魏王，在帝国中枢机构中的地位大大加强了。这时，他自以为有了足够的政治资本与政治影响，便开始凭借功劳权势和皇帝的信任为所欲为。乙辛日渐专恣，肆宠不法，常常受仁先压制。于是他一改往日的态度，把仁先看成是他擅权路上的障碍，开始对他进行排斥、打击。咸雍元年（1065），仁先被挤出京都，出任南京留守，直至咸雍八年（1072）逝世为止，再未能还朝任职。

这以后，乙辛更加无所顾忌地培植个人势力，排斥异己。而道宗不但不加约束，始终信任不疑，还屡加提升，"咸雍五年（1069）加守太师，诏四方有军旅，许以便宜从事，势震中外，门下馈赂不绝。凡阿顺者蒙荐擢，忠直者被斥窜"。正如当时谚语所称"宁违敕旨，无违魏王白帖子"。

宛平人刘伸，历任节度使、大理正、枢密都承旨、户部使、南院枢密副使等职，为政清简，平冤狱获免者很多，是道宗称许的忠直大臣之一。咸雍二年（1066）拜参知政事时，道宗鼓励他"勿惮宰相"，刘伸回答："臣于乙辛尚不畏，何宰相之畏？"此言一出，马上引起了乙辛的不满，不断在道宗面前诋毁、诬蔑和排斥他，终使之出外任保静军节度使。道宗曾想召回重用，又为乙辛及其党羽百般阻挠，终使他以崇义军节度使致仕。

骑马都尉、北府宰相萧术哲是道宗懿德皇后的哥哥，也被耶律乙辛视为眼中钉。为了铲除他，乙辛想出一个恶毒的计谋，让人诬告术哲害自己。这件本不存在的事情，当然查无实据，但仍使萧术哲离开中央，出镇地方。于是朝中人人侧目，不敢揭露乙辛的奸恶。至此，乙辛的耳目和党羽包围了道宗，军国事多决于乙辛，道宗对他也是言听计从。

环视朝野上下，耶律乙辛发现，除了皇太子耶律浚，几乎没有可以威胁到自己的人了。太子耶律浚是道宗长子，18岁时参与朝政，法度修明，享有威望。为了阻挠太子总揽朝政，乙辛又把打击的矛头指向皇后，以此动摇太子的地位。

契丹帝国虽然自开国君主耶律阿保机开始，命大臣制出了契丹文字，但还是相对落后的。帝国宫廷内，一向严禁读书，他们认为读书不但浪费时间，还会把一个人的脑筋弄得太复杂，所以皇后多能指挥千军万马冲锋陷阵，过着一种"马作的卢飞快，弓如霹雳弦惊"的生活，但大都英爽有余，温柔不足。事情也不是没有例外，道宗耶律洪基的妻子萧观音，就是一位多才多艺而又品德贤淑的契丹女性。重熙十二年（1043），耶律洪基晋封为燕赵国王，纳年仅4岁的萧观音为妃，重熙二十四年（1055），兴宗死，耶律洪基继位，立观音为懿德皇后。

萧观音是契丹帝国著名的女诗人，堪称辽河流域的女才子。清宁二年（1056）八月，道宗皇帝到秋山狩猎，皇后萧观音率众嫔妃随行，一日，道宗骑着号称"飞电"的宝马出入深山幽谷。陪着丈夫出猎的萧观音豪气勃发，曼声吟道："威风万里压南邦，东去能翻鸭绿江。灵怪大千俱破胆，那教猛虎不投降。"借打猎为题，衬托出丈夫的雄心万里、威震四方的气概。听得辽道宗大为高兴，出示群臣曰："皇后可谓女中才子。"并当即把那个地方命名为伏虎林。第二天，道宗亲自出猎，有一只猛虎突然从树林中窜出，道宗说："我要射得此虎，以不愧对皇后的诗。"于是，一发而将猛虎毙命，群臣皆呼"万岁"，成为契丹史上难得的一段佳话。

但总的来讲，萧观音还是属于那种颖慧秀逸、娇艳动人的女性。她的才华主要表现在诗词、书法、音律方面，还弹得一手好琵琶，称为当时第一。这种才华与契丹的风俗习惯格格不入，再加上她性格内向纤柔，对于驰马射箭、动辄鲜血淋漓的场面无法适应，从而注定了她人生的悲剧。

道宗皇帝虽颇有诗情才气，但很是昏庸。史书记载，道宗经常把大臣耶律俨的妻子邢氏叫到宫中淫乐，耶律俨还嘱咐妻子要好生伺候。更不可理喻的是，他在任命大臣拿不定主意时，竟然像儿戏一样用掷骰子的方法确定，谁有运气谁当，谁得了胜彩，道宗还为之拍手叫好。

萧观音对道宗不顾死活的狩猎活动十分担忧，便学习唐太宗的妃子徐惠向太宗直言进谏的美行懿德，常向道宗直谏。这种做法的出发点虽然是为国家社稷担忧，但却选错了对象，辽道宗并非唐太宗，哪有"以人为鉴"的气度？为了眼不见心不烦，渐渐疏远了德貌艺兼优的皇后。

在百无聊赖中，她希望以一曲《回心院词》打动丈夫的心，重拾往日的欢乐。"回心院"是用唐玄宗梅妃的典故。唐玄宗时，杨贵妃与梅妃江采萍争宠，梅妃失宠，遂命宫院为"回心院"，希望玄宗有朝一日能够回心转意。萧观音用此曲作为词题，意思是十分清楚的，就是渴盼夫妻能够重拾恩爱。

《回心院词》共十首。

第一首写萧观音督促宫人打扫宫殿：

扫深殿，闭久金铺暗。游丝络网尘作堆，积岁青苔厚阶面。扫深殿，待君宴。

第二首写擦拭象牙床：

拂象床，凭梦借高唐。敲坏半边知妾卧，恰当天处少辉光。拂象床，待君王。

第三首写更换香枕：

换香枕，一半无云锦。为是秋来展转多，更有双双泪痕渗。换香枕，待君寝。

第四首写铺陈锦被：

铺翠被，羞杀鸳鸯对。犹忆当时叫合欢，而今独覆相思块。铺翠被，待君睡。

第五首写张挂绣帐：

装绣帐，金钩未敢上。解却四角夜光珠，不教照见愁模样。装绣帐，待君贶。

第六首写整理床褥：

叠锦茵，重重空自陈。只愿身当白玉体，不愿伊当薄命人。叠锦茵，待君临。

第七首写弛张瑶席：

展瑶席，花笑三韩碧。笑妾新铺玉一床，从来妇欢不终夕。展瑶席，待君息。

第八首写剔亮银灯：

剔银灯，须知一样明。偏是君来生彩晕，对妾故作青荧荧。剔银灯，待君行。

第九首写点燃香炉：

爇薰炉，能将孤闷苏。若道妾身多秽贱，自沾御香香彻肤。爇薰炉，待君娱。

第十首写弹奏鸣筝：

　　张鸣筝，恰恰语娇莺。一从弹作房中曲，常和窗前风雨声。张鸣筝，待君听。

　　萧观音的《回心院词》布置出一个豪奢华丽而又舒适温馨的场所，以等待夫君的到来，其良苦用心反映出她望幸的心情十分迫切。更为可贵的是，《回心院词》由萧观音独创句式，自填其词。词的音韵十分谐婉，曲子复杂而高妙，是流传千古的绝品。今人读后为之感叹，大漠之中，竟有如此才情女子！可是万万没有想到的是，这首在契丹诗词史上的精品之作，却给萧观音带来了杀身之祸。

　　新作的《回心院词》，尽管没有唤回丈夫的宠幸，却是萧观音的得意之作。于是，她叫宫廷乐师赵惟一给《回心院词》谱上音乐。赵惟一殚精竭虑，把《回心院词》发挥得淋漓尽致。一支玉笛，一曲琵琶，萧观音与赵惟一丝竹相合，每每使听者怦然心动。于是后宫开始盛传他们两人情投意合，一些别有用心的人纷纷恶意中伤，有意陷害萧观音。

　　这对于耶律乙辛来说，简直是天赐的良机。当时宫中有一宫女单登，原为耶律重元帐下的奴婢，皇后曾劝道宗不可将她置于身边，因而引起了单登的忌恨。她的妹妹清子是教坊伶人朱顶鹤之妻，同时与乙辛关系暧昧。乙辛利用这层关系编造了一个离奇的故事，诬陷皇后。他指使人仿《回心院词》，作了一首淫词《十香词》。

第一香：发香。

> 青丝七尺长，挽作内家妆；
> 不知眠枕上，倍觉绿云香。

第二香：乳香。

> 红绡一幅强，轻阑白玉光；
> 试开胸探取，尤比颤酥香。

第三香：腮香。

> 芙蓉失新颜，莲花落故妆；
> 两般总堪比，可似粉腮香。

第四香：颈香。

> 蜻蜓那足并？长须学凤凰；
> 昨宵欢臂上，应惹颈边香。

第五香：吐气香。

和羹好滋味，送语出宫商；
安知郎口内，含有暖甘香。

第六香：口脂香。

非关兼酒气，不是口脂芳；
却疑花解语，风送过来香。

第七香：玉手香。

既摘上林蕊，还亲御苑桑；
归来便携手，纤纤春笋香。

第八香：金莲香。

凤靴抛合缝，罗袜卸轻霜；
谁将暖白玉，雕出软钩香。

第九香：裙内香。

> 解带色已颤，触手心愈忙；
> 那识罗裙内，销魂别有香。

第十香：满身香。

> 咳唾千花酿，肌肤百合装；
> 无非瞰沉水，生得满身香。

《十香词》作好之后，耶律乙辛暗中嘱咐与他相好的清子，由清子转交给自己的姐姐单登，要单登相机行事，把《十香词》献给皇后，就说是宋国皇后所作，皇后若能把它抄下来并为之谱曲，便可称为二绝，也好为后世留一段佳话。

《十香词》遣词用语都十分暧昧，多少有些难登大雅之堂，但这正合孤寂中的萧皇后的心态。萧观音读后，深爱《十香词》，觉得它雅丽有致，除了亲手用彩绢抄写一遍外，还在末端又写了一首题为《怀古》的诗："宫中只数赵家妆，败雨残云误汉王。惟有知情一片月，曾窥飞燕入昭阳。"

至此，萧观音完全堕入了耶律乙辛所设的陷阱之中，耶律乙辛将萧观音亲手誊写的《十香词》送到了皇帝面前。有了这个"物证"，再加上过去的一些谣传，而耶律乙辛的走狗、宰相张孝杰乘机就《怀古》诗进行曲解，说道："诗中'宫中只数赵家妆'，'惟有知情一片月'，正包含了'赵惟一'三字，此正是皇后思念赵惟一的表现。"听罢此言，道宗立刻觉得绿帽盖顶，不由得勃然大怒，认定萧观音与伶官赵惟一私通，敕令萧观音自尽，赵惟一凌迟处死。

萧观音自尽前，请求见道宗一面，但没有得到满足。于是，她望着道宗皇帝的住处而拜，写下血泪交迸、忧愤满纸的《绝命词》：

> ……岂祸生兮无朕，蒙秽恶兮宫闱。将剖心兮自陈，冀回照兮白日。宁庶女兮多惭，遏飞霜兮下击。顾子女兮哀顿，对左右兮摧伤。其西曜兮将堕，忽吾去兮椒房。呼天地兮惨悴，恨今古兮安极。知吾生兮必死，又焉爱旦夕！

写罢，用白练自尽。然而，道宗还觉得不够，命裸观音尸体用苇席裹还其家，以为羞辱。这一年，萧观音才36岁。

清代的朱彝尊和纳兰性德都对她的悲剧寄予了莫大的同情。朱彝尊在咏萧观音的《洗妆》中说："细草含茸，圆荷倚盖，犹与舞衫相似。回心院子，问殿脚香泥，可留萧字? 怀古情深，焚椒寻梦纸。"

多情才子纳兰性德在《台城路洗妆台怀古》中也写道：

> 六宫佳丽谁曾见，层台尚临芳渚。露脚斜飞，虹腰欲断，

荷叶未收残雨。添妆何处，试问取雕笼，雪衣分付。一镜空蒙，鸳鸯拂破白萍去。

相传内家结束，有帕装孤稳，靴缝女古。冷艳全消，苍苔玉匣，翻出十眉遗谱。人间朝暮。看胭粉亭西，几堆尘土。只有花铃，绾风深夜语。

乙辛的所作所为激起了朝中正直人士的普遍不满。诬陷皇后时，就遭到枢密使萧惟信的公开指责；护卫萧忽古则欲只身暗杀乙辛为国除害；林牙萧岩寿也向道宗揭露乙辛奸状。但是，乙辛及其党羽却扬言遭到了谗毁，争取道宗信任。

为孤立太子，他们又将太子师友、客省使耶律引吉出为群牧林牙，使太子更加孤危。由于群臣不断揭露乙辛，大康二年（1076）六月，道宗将乙辛贬出京城，为中京留守。但乙辛的亲信不断在道宗面前为他辩解，结果，道宗反而将萧岩寿贬出京城，做了顺义军节度使，同年十月再令乙辛还朝，复为枢密使。二次掌权的乙辛加紧了陷害太子的行动。首先将打击的矛头指向那些揭露他阴谋的人，萧岩寿被流放乌隗路，终身拘役；萧岩寿之友、给事北院圣旨事萧铎卢斡谪戍西北；契丹行宫都部署耶律撒刺出为始平军节度使；知北院枢密使事萧速撒出为上京留守；只有耶律庶箴向乙辛认错才得以自安。

相反，凡党附乙辛者，都得到了提升，张孝杰得赐国姓；耶律燕哥自北面林牙拜左夷离毕；萧十三由护卫迁殿前副点检；萧余里自宁远军节度使升任北府宰相兼知契丹行宫都部署事；耶律合鲁擢升南面林牙；萧得里特自官分人累迁北面林牙、同知北院宣徽使事。

当乙辛认为自己的势力足以抗衡太子时，他便开始对太子下毒手了。乙辛当然知道，最能击中皇帝心灵深处弱点并能置人于死地的罪行莫过于"谋废立"。在最高权力面前，父子、兄弟的亲情会变得异常苍白无力。因而，他在成功地以"私通"罪谋害皇后之后，又以"谋废立"向她的儿子开刀了。

大康三年（1077）五月，乙辛、萧十三、萧得里特等共同商议，令护卫太保耶律查剌首告耶律撒剌、萧速撒、萧忽古等谋废道宗，立太子浚为帝。道宗遣人查问，自然没有证据。但皇帝仍然重赏首告者，而出被告撒剌为始平军节度使，速撒为上京留守，护卫撒拨、萧忽古等流放边地。这样的处理无异于对乙辛夺权活动的鼓励，于是，他采取了更大胆的行动。

这一次，耶律乙辛不惜以自己的党羽作为告密的筹码，他派牌印郎君、驸马都尉萧讹都斡和祗候郎君耶律塔不也等"自首"，证实查剌所告为实，并开列了"谋逆"者的名单。乙辛的同党萧十三、耶律燕哥受诏审理处置。于是撒剌等被杀，太子被囚于上京。不久，耶律乙辛派人将太子害死在上京，却向道宗报告说太子死于急病。道宗当时还顾念一丝父子之情，欲召太子妃了解事实真相。耶律乙辛等人一不做二不休，又杀太子妃灭口，终使一桩莫须有的谋逆案坐实，乙辛等也就成为破案的功臣。

于是，乙辛同党次第擢升，那些不肯投靠他们或对其所作所为有看法、有异议的人相继被贬黜。除了前面说到的人外，夷离毕郎君耶律石柳，对乙辛"斥忠贤，进奸党"不满，被流放镇州；谪戍西北的萧铎卢斡再被治罪，"特恩减死，仍锢终身"；右夷离毕郎君耶律陈家奴，被疑为太子同党，免官。朝中正义之士被斥逐殆尽。

大康五年（1079）三月，乙辛升任南院大王事，加于越。这一次，他又把坏心眼放到了设计谋害皇孙耶律延禧上。幸得北院宣徽使萧兀纳等的保护，耶律延禧才免遭毒手。道宗也因为此事开始对乙辛产生怀疑，大康七年（1081）年底，有点想明白的道宗皇帝将耶律乙辛拘捕。但是让一个皇帝承认自己杀妻害子，几乎是一件不可能的事情，所以道宗不能以陷害皇后、太子为理由惩办耶律乙辛。后来，道宗终于找到一个理由，即耶律乙辛妄图逃亡到宋朝，然后顺势下令把他杀了。

乙辛自咸雍元年（1065）年底排挤耶律仁先外任，至大康六年（1080）正月出知兴中府，专擅朝政达14年之久，兴起两次令朝野震惊的特大冤狱，不但残害了皇后、太子，而且杀害大批正直的契丹贵族、官僚，使统治集团元气大伤。致使天祚皇帝即位时，帝国已面临治国乏才的局面，加之天祚缺乏振兴的抱负和才干，契丹帝国的统治不可避免地走向了衰亡。

第十一章
没有赢家的"海上之盟"——轰然崩塌的帝国大厦

侥幸逃过奸臣乙辛谋害的皇孙耶律延禧如愿当上了皇帝。也许是往日受的磨难太多了，这回要抓紧时间享乐，昏庸无能的祖父成了他效法的对象，而且青出于蓝，干脆亲手杀死了诗人皇后和能干的儿子们。

糟糕的皇帝成全了白山黑水间成长起来的女真人，让他们一战成名，在短短几年间即摧毁了一个老大帝国。已被文弱之气折磨得手无缚鸡之力的北宋朝廷看到了一丝光复故土的希望，赶紧北上与金人结盟。结果偷鸡不成蚀把米，反而暴露了自己的虚弱，只好目送二帝囚车向着蛮荒关外徐徐驶去。

瑟瑟伤时悯直臣，燕云夕枕暗红尘：倒霉的才女，昏庸的丈夫

天祚帝，名耶律延禧，字延宁，小字阿果，道宗耶律洪基孙、皇太子耶律浚子，道宗病死后继位，在位25年，国亡被金兵俘虏

（一说被金人杀死），终年54岁，葬于显陵附近（今辽宁省北镇市医巫闾山）。

耶律乙辛谋杀耶律浚后，又企图谋杀耶律延禧。公元1079年年初，道宗外出游猎时，耶律乙辛请求把皇孙留下，以便乘机下手。北院宣徽使萧兀纳等提醒道宗注意皇孙的安全，道宗醒悟，偕皇孙同行，才避免了一次暗杀。公元1080年年初，道宗立耶律延禧为梁王，派勇士六人严密护卫他，并命令萧兀纳教导他。几年后，耶律延禧被封为燕王。公元1091年，耶律延禧被任为天下兵马大元帅，总北、南院枢密院事，加尚书令，并确立为皇位继承人。道宗于公元1101年正月病死，他于同月继位，改年号为"乾统"。

耶律延禧即位后，祖母宣懿后和父亲耶律浚的冤情得以昭雪，受耶律乙辛陷害的大臣也得以平反，耶律乙辛的党羽被诛杀。但他在位期间，基本上走的是与祖父相同的统治路线，继续宠信佞臣、残害忠良，一味游猎，生活荒淫奢侈，不理国政，致使宗室贵族之间的争斗愈演愈烈。这一时期，天祚皇帝并没有从祖母、父亲的被杀中吸取经验，反倒有样学样起来。

天祚帝的文妃萧瑟瑟也是一位才女，可与萧观音相比，她遇到了更昏庸的丈夫。天祚帝沉湎于打猎已到了令人不可理解的地步。金人侵辽，辽郡丧失大半，他还在猎场不回，后来金人打得他到处跑，他还在空隙时间猎上几把。被立为文妃的萧瑟瑟对天祚帝的作为十分忧虑，对民族的命运十分关心。于是，她写了一首《讽谏歌》，劝天祚帝刷新政治，信赖忠臣，堵塞奸邪之路。歌曰："勿嗟塞上兮暗红尘，勿伤多难兮畏夷人；不如塞奸邪之路兮，选取贤臣。直须卧薪尝胆兮，激壮士之捐身，可以朝清漠北兮，夕枕燕云。"

可惜的是，萧瑟瑟出于良好愿望的劝谏，天祚帝是听不进去的。但是这首词却让奸臣萧奉先记在了心里，再加上文妃也同样有个有勇有谋的好儿子，更让人看不顺眼。天祚帝有子六人，即梁王雅里、晋王敖鲁斡、燕王挞鲁、赵王习泥烈、秦王定、许王宁。其中文妃所生的晋王聪明懂事，朝野上下对他寄予了很大希望，"晋王最贤，国人皆属望"，一些朝臣甚至希望他将来继位，以复兴契丹帝国。然而，萧奉先却对妹妹、元妃萧氏的儿子秦王抱有很大希望。

面对声望比较高的晋王敖鲁斡，萧奉先心里明白，只要敖鲁斡在，他的外甥秦王立为太子的可能性几乎没有。为此，老奸巨猾的萧奉先就拿萧瑟瑟的姐夫耶律挞葛里和妹夫、副都统耶律余覩开刀。一天，正好萧瑟瑟的姐姐来看望妹妹，萧奉先知道后，乘机让人在耶律延禧面前诬陷说，耶律余覩、耶律挞葛里等人勾结驸马萧昱准备立晋王为帝，逼迫天祚帝退位为太上皇。不明真相的耶律延禧竟信以为真，当即下令杀掉萧昱和萧瑟瑟的姐姐，同时"赐文妃（萧瑟瑟）死"。可怜一代才人，以莫须有的罪名，无端地死在耶律延禧这个昏主的手中。几年后，在萧奉先这个奸佞的唆使下，耶律延禧又将晋王敖鲁斡赐死。敖鲁斡死后，朝臣们非常痛心，"中外莫不流涕，人心益解体"。

几百年后，清人谢蕴山有诗专咏此事："洗妆楼旁旧莲池，金缕香残补十眉。谏猎一书陈永巷，霜飞白练结相思。""瑟瑟伤时悯直臣，燕云夕枕暗红尘。白头官监谈遗事，芳草萋萋废苑春。"

从天祚帝杀妻害子的做法来看，真是得了祖父的真传。

文妃萧瑟瑟无端被杀，还连累了自己的娘家人。妹夫耶律余覩在军中听到这一消息，为避免受害，当即携家属及部属千余骑叛逃金国。

天祚帝闻讯，派知奚王府萧遐灵、北府宰相萧德恭、四军太师萧干等领兵追捕，至半路，追上了耶律余覩。将领们经过商议，认为：天祚帝轻信萧奉先，他们也一向受萧奉先蔑视，而耶律余覩是宗室中的豪俊，由于不肯向萧奉先屈膝低头，惨遭诬陷；如果他们拘捕耶律余覩，日后也会落得同样的下场，不如放他逃去。于是萧遐灵等人放走了耶律余覩，回来对天祚帝说没有追上。

耶律余覩投金后，已经自立为金太祖的完颜阿骨打，对帝国的情况更是了如指掌，之后不断派兵攻打辽国。无力抗衡的耶律延禧只好以兄礼事金主，同时又将大片土地割让给金朝。

第二年，耶律余覩引金兵袭击驻扎于鸳鸯泊（今河北省张北县西北）的耶律延禧。萧奉先献计说："余覩此来不过是为了夺取晋王，干脆把晋王杀了，他就死了心，自然会退兵回去。"耶律延禧当时也吓糊涂了，赶忙处死了无罪的晋王。这个举动使当时追随左右的大臣们十分寒心，纷纷反叛。而耶律余覩非但没有退兵，反而引金军直逼耶律延禧行帐。耶律延禧只得率领卫兵五千人逃往西京。很快地，金军又攻陷云中，他又逃入夹山（今内蒙古自治区土默特左旗东北），南京（今北京市）等地相继失陷。

当断不断，必受其害：后悔终生的头鱼宴

在契丹帝国的东北部，生活的是以渔猎采集为主要生活方式的女真部落。女真人是一个有着悠久历史的少数民族，是黑水靺鞨的后裔。他们生活在黑龙江、松花江流域和长白山一带。在 8 世纪 20 年代，唐朝在黑水靺鞨地设黑水州都督府，以其最大部落为都督，各部酋长为刺史。契丹帝国灭掉靺鞨人建立的渤海政权后，黑水靺鞨改称女真。女真族内部后来分为"熟女真"和"生女真"两大部分。所谓的熟女真，他们生活的区域较为接近中原地区，其社会发展水平较高；与之相对的生女真，是女真族中社会发展最后进的一支。击溃契丹帝国的大金王朝，就是以完颜部为核心的生女真建立的。完颜部在绥可为首领前，还过着"迁徙不常"的狩猎、游牧生活。

随着社会生产力的发展，阶级分化愈趋激烈。频繁的强凌弱、众暴寡的战争，使生女真各部都感到有结成联盟抵御外侵的必要，于是部落联盟应时产生了。生女真部落联盟的发展进程，大体以金昭祖石鲁任联盟长为分界，此前为形成阶段，一般是一些近亲部落

因紧急需要结成的临时联盟；此后以地域为纽带逐步形成了若干个军事部落联盟，其中以完颜部为核心建立的联盟最强大，它的发展壮大过程也是完颜部统一女真各部的过程。

石鲁当上联盟长后，"稍以条教为治，部落寝强"。但是，当时"旧俗"影响很深，诸部不愿受"条教"约束，他便借契丹帝国加授的惕隐官身份，"耀武"于青岭、白山、苏滨、耶懒地区，顺者抚之，违者讨之，一个庞大的、以地区为单位的军事部落联盟就这样建立起来了。金景祖乌古迺时，联盟进一步扩大。契丹帝国学习唐王朝的边疆政策，任命乌古迺为生女真部族节度使，使其统领女真各部。乌古迺死后，其子世祖劾里钵、肃宗颇剌淑、穆宗盈歌先后任首领，进一步限制各部的势力，又严格限制各部擅制信牌，违者"置于法"，一切皆用完颜部法令，"自是号令乃一"。

金国的建立，是完颜阿骨打完成的。阿骨打为金世祖第二子。世祖在世时，已表现出超群的才能，故世祖临终前对穆宗说，"惟此子（阿骨打）足了契丹事"。后来，阿骨打辅佐肃宗、穆宗、康宗乌雅束，不仅战功卓著，且很懂得治世之道。前面所述穆宗取消都部长和各部不得"擅制牌号"，都是采用了阿骨打的计谋。在其统治期间，如遇灾年，人民流离失所，阿骨打就会提出"自今三年勿征，过三年徐图之"的宽松政策，使闻者感泣，远近归心。

辽天庆三年（1113）十月，康宗死，阿骨打以"兄终弟及"袭位为都勃极烈（犹总治百官之冢宰）。第二年，契丹帝国正式加封他为生女真节度使。

为了获得东北地区丰富的特产，契丹朝廷在宁江州（今吉林省扶余县石头城子）设有榷场，女真人以北珠、人参、生金、松实、白附子、蜜蜡、麻布等土产在宁江州市场交换，并以北珠、貂皮、良犬、俊鹰、海东青朝贡于契丹。契丹统治者要么经常以强力掠夺女真土特产品，要么在交换过程中"低其直，且拘辱之，谓之打女直（女真）"。

海东青是一种小而强健的猎鹰，善于捉捕天鹅，而白爪者为最珍稀，盛产于黑龙江下游近海地方。好猎的契丹皇帝与贵族酷爱海东青，"每岁大寒，必命女直（女真）发甲马数百至五国界取之，往往争战而得，国人厌苦"，到天祚帝时，"责贡尤苛"。

女真人还经常遭受契丹沿边诸将的无理掠夺，"每到官，各管女真部族，依例科敷，拜奉礼物，各有等差，所司弊幸百出"。契丹在征发兵马等紧急的事件时，常派出带着银牌的使者，号银牌天使。这些天使们每到女真境内，都要女真妇女伴宿，起初是女真指定中、下户未嫁的女子陪伴住宿，后来络绎不绝的使者仗着大国的权势，自己选择美好妇人，不问有无丈夫，也不问是否为女真贵族家的妇女，只是喜欢便要。女真各部不堪忍受契丹的压迫，"诸部皆怨叛，潜附阿骨打，咸欲称兵以拒之"。

按照契丹的风俗，要把每年春季最早捉到的鱼，先给死去的祖先上供，并且摆酒宴庆祝，叫作头鱼宴。这一年，天祚帝春捺钵到春州，在这里举行了头鱼宴，请酋长们喝酒。天祚帝几杯酒下肚，有了几分醉意，叫酋长们给他跳舞。那些酋长虽然不愿意，但不敢违抗命令，就挨个儿离开座位，跳起民族舞蹈。接下去轮到一个青年，他神情冷漠，两眼直勾勾地望着天祚帝，一动也不动。这个青年就是阿骨打。

天祚帝见阿骨打居然敢当着大家的面顶撞他，很不高兴，一再催他跳；一些酋长怕他得罪天祚帝，也从旁劝他。可是不管好说歹说，阿骨打拿定主意不跳，叫天祚帝下不了台。这场头鱼宴闹得不欢而散。辽天祚帝当场没发作，散席之后，他跟大臣萧奉先说："阿骨打这小子这么跋扈，实在让人没法容忍。不如趁早杀了他，免生后患。"萧奉先认为阿骨打没有大过失，杀了他会引起其他酋长的不满，就说："他是个粗人，不懂得礼节，不值得跟他计较。就算他有什么野心，小小一个部落，也成不了气候。"辽天祚帝觉得萧奉先说得有道理，也就把这件事搁在一边。昏庸的天祚帝万万没有料到，自己一时"慈悲"放过的这个女真青年会把契丹帝国的百年基业摧毁。这是契丹帝国灭亡之前，契丹帝国与大金帝国统治者的第一次正面交锋。

阿骨打当然不是不会跳舞，他是个性格刚强的人，多年来对契丹贵族欺负女真人民早有不满。现在，眼看辽朝越来越腐败，遂决心自立门户。完颜阿骨打开始对辽采取了韬光养晦的策略，他建筑城堡，修理武器，训练人马，"外则多市金珠良马，岁时进奉，赂遣权贵，以通情好者，如此十余年"。对内则"力农积粟，练兵牧马"，改革内政，加强军队的作战能力，不断壮大自己，以武力逐步统一了女真各部，聚集力量准备反辽。

尽敌而止：擅打心理战的女真人

1096 年，女真发生了阿疏事件。身为完颜部落酋长的完颜盈哥，听到纥石烈部落酋长阿疏准备跟他对抗的消息，就向其发动攻击，阿疏逃亡到首都临潢（内蒙古自治区巴林左旗），向辽政府乞求保护。天祚帝命完颜盈哥撤退，完颜盈哥忍气吞声返回。

完颜阿骨打在伐辽的十年间，一直坚持只有把阿疏交出来才可以和解，而契丹基于对藩属的责任和义务，每一次都加以拒绝。看起来好像阿疏是一个和战兴亡的关键人物，金对他有不共戴天的仇恨。可是等到契丹帝国崩溃，金擒获阿疏后，只不过打了几板，即行释放。后来每有人请教阿疏姓名时，他都幽默地自我介绍："我叫破辽鬼。"

在 1114 年，阿骨打派人入辽，希望契丹能够交出阿疏，但是女真使臣却把真正的精力放在了收集情报上。使者回来复命，说契丹帝国内部政治日益腐败，军政废弛。阿骨打认为时机已到，遂筑城备械于拉林河（今黑龙江哈尔滨南）畔，以辽人荒肆，号召诸部准备起兵攻辽。

天祚帝得到消息，派东北统军司节度使萧挞不也赴宁江州戍边。没想到，完颜阿骨打先发制人，以完颜银术可、完颜娄室等为将帅，召集两路女真甲马进军宁江州。九月，完颜阿骨打至寥晦城

（今黑龙江双城西南前对面古城）征得女真兵 2500 人，自涞流水（今拉林河）下游渡河，于石碑崴子屯（今吉林省扶余东）得胜陀之地誓师后，便向辽控制的女真战略要地宁江州进军。此时，天祚帝正在庆州秋山射鹿，听到女真起兵，并不在意，只派海州刺史高仙寿统渤海军去应援。

在宁江州的契丹人和各族人，不但无意抵抗，反而对来攻的女真人表示欢迎，曾有人在市上狂声歌道："辽国且亡！（辽国马上就要完蛋了！）"契丹官府派人追捕，此人连喊"且亡"，逃进山中不见踪影。

在完颜阿骨打进军宁江州的途中，高仙寿所统的渤海军不幸与之遭遇，被阿骨打以佯退疲敌之计突然反击，契丹骁将耶律谢十被射杀。当时阿骨打下达的作战命令是："尽敌而止！（斩尽杀绝！）""众从之，勇气自倍。敌大奔，相蹂践死者十七八。"

及至宁江州，女真人填堑攻城，十月攻下宁江州城，辽防御使大药师奴被俘获。阿骨打在军事进攻的同时，还利用契丹、渤海人民反对统治者的情绪，把被俘的大药师奴暗中放回招谕辽人；并召渤海梁福、斡答剌回去招谕其家乡的渤海人；还派遣完颜娄室去诏谕系辽籍女真人。完颜阿骨打战抚结合的策略相当奏效，有力地壮大了自己的力量。宁江州之战是女真人起兵反辽的标志，首战获捷，使女真人抗辽的信心大增。因此宁江州成为女真族传颂的胜利战地，金世宗时曾在这里建"大金得胜陀颂碑"。

当完颜阿骨打攻下宁江州时，腐败无能的天祚帝正想从庆州秋山到显州冬山去狩猎。当辽军败北的消息传来后，他不得不中止去冬山狩猎的打算，派兵 10 万至鸭子河（今吉林月亮泡以东，黑龙江肇源以西的一段嫩江）北对付阿骨打。当时女真的甲士才 3000 余人，且只有三分之一渡过鸭子河，力量相差极为悬殊。两军会于出河店（今黑龙江省肇源县西）。阿骨打利用风大尘埃蔽天的有利时机，挥军出击，契丹军队已经有百余年没打过仗了，疏于战阵，这时只会望风奔溃，最终惨败而归，史称鸭子河之战。这一战役，契丹被人数才刚满万人的女真军队"俘获甚众"。契丹帝国先前曾流行过一个传言："女直（女真）兵若满万则不可敌。"历史的发展真的验证了这个传言，女真人势如破竹，以摧枯拉朽之势推倒了契丹帝国。

在进攻契丹的胜利中，完颜阿骨打称皇帝，建国号"金"，年号"收国"，设都上京，称会宁府（今黑龙江省哈尔滨阿城区）。契丹为"镔铁"的意思，完颜阿骨打取国号为"金"，是以金克铁之意，可见其灭契丹之决心。

鸭子河一役的失败，使天祚帝恼羞成怒，他亲自带领 70 万兵力到了黄龙府。金太祖命令将士筑好营垒，挖掘壕沟，准备抵抗。正在这个时候，耶律章奴在国中造反，拥立耶律淳为皇帝，契丹发生内乱。后院起火的天祚帝无心再战，下令撤兵。阿骨打乘机追击，几十万辽军一下垮了下来。辽天祚帝一天一夜逃了几百里，才算保住了一条命。

大获全胜的完颜阿骨打没有被眼前的胜利冲昏头脑，他非常清楚，要真正推翻契丹帝国，必须速战速决，自己的军事实力和大金的国力，都无法与契丹帝国相抗衡，无法应付长期抗战。所以一鼓作气，在三年间，占领了辽上京、中京、西京等地，并于天辅七年（1123）攻破南京。

躲在夹山的天祚皇帝终于厌倦了被金兵追着打的游戏，于公元1124年冬，在耶律大石等大臣的反对声中，率残军出夹山，南下武州（今山西省神池县）试图收复山西州县，又被金军击败，许多部下投降了金军。公元1125年正月，他经天德军（今内蒙古自治区呼和浩特市东）过沙漠，向西逃窜，路上水粮断绝，只能吞冰咽雪以解饥止渴。这年的二月，好容易逃到应州新城（今山西省怀仁县西）东60里处的天祚皇帝，被金将完颜娄室追上俘获。金太祖降封他为海滨王，不久改封为豫王，自此，契丹帝国灭亡。

孤注一掷的自救：短命的北辽政权

北辽，于辽天辅六年（1122）三月立国。天祚帝被金兵所迫，流亡夹山，耶律淳在燕京被耶律大石等人拥立为君主，是为北辽的开始。同年六月，耶律淳病死，其后其妻萧德妃普贤女摄政。第二年，金朝攻占燕京，萧德妃和耶律大石投奔天祚帝，萧德妃因为谋反而被杀，耶律大石却被赦免。

宣宗，名耶律淳（1063—1122），小字涅里。辽兴宗耶律宗真曾孙、宋魏王耶律和鲁斡子，封为郡王，后又晋封为郑王，又加越王。公元 1106 年为南府宰相，徙魏王。耶律和鲁斡死后，他继承父亲的职务，镇守南京。公元 1115 年，天祚帝东征兵败，大臣耶律章奴等图谋废黜天祚帝，立耶律淳为帝，并派耶律淳的妻弟萧敌里去南京通知他。耶律淳坚决拒绝，并斩杀萧敌里，亲自将阴谋报告天祚帝，因忠诚被晋封为秦晋国王。

公元 1122 年，金军攻辽，天祚帝逃入夹山，消息不通。宰相李处温、宗室大臣耶律大石、奚王回离保等将皇袍披在耶律淳身上，推拥他为帝，号为天锡皇帝，建年号为"建福"，同时下诏降封天祚帝为湘阴王。耶律淳统治着燕、云、平州及辽西、上京、中京等路，成为辽的实际统治者，史称北辽。

耶律淳称帝后，以回离保为北院枢密使，耶律大石统帅兵马。对外，他遣使赴北宋表示愿意免除岁币，缔结和约。北宋此时与金朝已经签订了"海上之盟"，坚决不同意和解并出兵攻讨。耶律淳转而遣使赴金，请求作为金国的附庸，以求得到金人的庇护。金国尚未答复，他就于建福元年病死于燕。临死前吩咐迎立天祚帝次子、秦王耶律定继位，由李处温等大臣辅佐，萧德妃为太后，主持军国大事。耶律淳死后谥号为宣宗，在位 3 个月，终年 60 岁，葬于永安陵（今北京市香山附近）。

宣宗病死后，由萧德妃主持国政，遥立天祚帝子耶律定为帝，改年号为"德兴"。萧德妃当政后，宋兵一度攻入燕京，后经军士奋勇抵抗，才将宋军逐出。不久，北辽大臣李处温秘密联络北宋大臣童贯，策划挟持萧德妃献地降宋。事情败露，萧德妃捕杀了李处温。公元1123年年初，金兵攻打北辽，萧德妃向金上表请求立秦王耶律定为帝，金兵不允，旋即攻陷燕京。

燕京失陷后，仓皇逃走的萧德妃，正在不知该往何处时，耶律大石给她出了个主意，建议投奔天祚帝。当时他的想法是，已立耶律定为帝，天祚帝总不至于降罪。萧德妃听了他的建议出古北口（北京密云东北），经天德军，投奔了天祚帝。可是，小心眼的天祚帝连自己的儿子都杀，怎么可能如此宽宏大量。果然，天祚帝因怨恨耶律淳自行称帝而废自己为湘阴王，当即命令左右将掌握两年北辽政权的萧德妃捆绑起来并杀死，还追废耶律淳为庶人。

让人失望的趁火打劫：没有赢家的"海上之盟"

契丹和大金两个帝国正打得轰轰烈烈，南方的北宋把这一切看在眼里，觉得这是个"鹬蚌相争，渔翁得利"的好时机。这一年，太监童贯等使节前往辽中京，祝贺辽帝耶律延禧的生日，当他返回途经卢沟桥的时候，在驿馆接见了一个叫马植的来访者。这个人曾经在契丹做过一个小官，可是并不得志，他向童贯提出跟女真缔结军事同盟，东西夹攻，收回燕云十六州的建议。童贯把马植秘密带回晋见了宋徽宗赵佶，赵佶觉得他的建议很好，马上策划实施。北宋政府以购买马匹的名义，陆续派遣使节（包括马植在内），从山东半岛，渡海入金国，与完颜阿骨打联系。

当马植找到完颜阿骨打时，大金的军队已经兵临辽上京城下了。上京被围时，天祚帝正在外围猎，完全没有回来救都城的意思。城中契丹军队登城拒守不降。完颜阿骨打告诉马植："观战后再谈条件。"他随即下令攻城，从早晨开始，不到中午，这个闻名天下的契丹帝国的首都巨城即被攻陷。女真人的强悍震撼了观战的马植，不禁暗暗揣测，拥有如此巨大战斗力的金兵，完全可以不必依靠北宋的军事帮助推翻契丹帝国，这次与大金谈判能顺利完成吗？

出乎意料，攻城成功的完颜阿骨打依旧愿意与北宋结盟。合约包括三项内容：

一、金负责攻取契丹的中京后南下，穿过松漠，直指长城古北口。宋负责攻取契丹的南京，然后北上，也直指长城古北口。两国即以古北口关隘为界，互不超越；

二、完颜阿骨打同意宋收回燕云十六州；

三、宋把进贡给辽的货物和银币，改为进贡给金。

这个盟约就是宋金之间著名的"海上之盟"。这个盟约从内容上看，北宋实在是捡了一个大便宜。女真当时已经攻下了契丹帝国统治的大部分区域，北宋只要攻下南京府，就可以重新拥有对燕云十六州的统治权。在盟约签订后，北宋任命童贯任统帅，集结部队准备北伐，"刚好"南方睦州爆发民变。赵佶只得命童贯先去征讨，一直到方腊被杀，农民起义被镇压。此时距盟约签订时已经两年多了，童贯这才带着军队，慢悠悠地北上，陈兵在宋辽边境。此时的金国军队已经攻陷了契丹帝国的中京，天祚帝逃进了夹山。

此刻统治南京的，是耶律淳建立的"北辽"政权。他派人晋见童贯，劝其不要"捐弃百年友谊。交结豺狼，只会种下将来无穷祸根。"这时的北宋，刚刚在自己的国内打了个胜仗，而在金军打击下的契丹帝国已经是穷途末路了。在力量如此悬殊的情况下，童贯当然不会把这种请和看在眼里。就在这时，耶律淳去世，其妻萧皇后执政。驻扎在涿州、易州契丹帝国的"怨军"（由家乡沦于金的流亡青年组成，意谓专向金帝国报怨复仇）统领郭药师，跟萧皇后依旧意见不合，率众向宋帝国投降，献上两州土地。得知这个消息的宋徽宗龙颜大悦，马上敦促童贯向契丹军队进攻。已经被金兵打得焦头烂额的萧皇后，不想北宋从后面起兵，于是派遣使节韩昉晋见童贯，奉上降表，愿降为臣属，永为屏藩。童贯完全不顾韩昉"辽宋两国，和好百年。盟约誓书，字字俱在。尔能欺国，不能欺天"的恳切之言，依旧按照宋徽宗的命令对南京发动突袭，但无论是领兵的童贯，还是在开封盼捷报的徽宗皇帝都没有想到，两万契丹军队面对攻击竟然奋勇反击。北宋军队被杀得溃退奔逃，一直逃到卢沟桥。将近二十万的宋军，被契丹帝国的铁骑冲散，尸横遍野，死伤殆尽。

如果，只是如果，当年没有与大金缔结"海上之盟"，以北宋对契丹帝国的畏惧，不会贸然地挥军北上；如果童贯只是陈兵契丹南部，没有发动军事攻击。如果，如果这些如果成立的话，金国不会发现北宋军事实力上的衰弱，在契丹帝国被灭后，金国也不会立刻挥兵南下。

完颜阿骨打没想到宋军会衰弱到这种地步，于是改变作战计划，在穿过平地松林后，放弃古北口，径直从居庸关南下，进攻燕京。那些把宋军打得落花流水的契丹兵团，跟金军一经交战即被击溃。萧皇后逃走，左企弓、虞仲文等汉臣开城门降金。完颜阿骨打进入燕京城。随后，宋派遣马植到燕京，仍向金索取燕云十六州。蔡京、王甫等更异想天开，命马植除了索取燕云十六州外，还要额外索取平州（河北卢龙县）、滦州（河北滦州市）、营州（河北昌黎县）。这三州是唐朝末年卢龙节度使刘仁恭送给契丹部落的。完颜阿骨打告诉来者"临潢密约"作废，因为宋军并没有履行条约在古北口会师，更别提三州之事。但同意把山前（太行山以东）的七州交给宋帝国。附带条件是，燕京（北京）是金军攻陷的，所以燕京的赋税应缴纳给金帝国。马植向赵佶飞奏，赵佶全部接受。两国遂于 1123 年签订友好和约。

金军撤退时，把燕京居民全部掳走，宣称这是宋的意思：只要土地，不要人民。宋得到的只是一座空城，还要千里运粮接济进驻的军队和救济漏网未走的贫苦居民。但无论如何，宋徽宗总算站在胜利的一边，收复了丧失 188 年之久的领土，童贯也被封王，全国狂欢庆祝。但是，阿骨打此次与宋合作，发现原来富庶的北宋作战能力如此低下。于是才有了后来金国挥师南下，直捣北宋王庭，擒徽、钦二帝的"靖康之变"。北宋发起的"海上之盟"，非但没有给自己带来好处，反而引来了灭顶之灾。

回顾那段风云变幻的历史，我们不禁要想，这个"海上之盟"

到底给当时征战的三方带来了什么？

表面看来，这个盟约是契丹帝国的两个敌人联盟的和约，那么这个盟约的签订应该是对契丹最为不利的，可事实似乎并非如此。条约中对契丹影响最大的内容，就是约定北宋从南面攻击契丹，可实际上，被金兵打得难以招架的契丹军团还是轻松地解决了北宋的军队，最终攻下南京的，还是金兵。我们几乎可以认定，无论宋金有没有签订过这个海上盟约，契丹都会被金兵推翻，只是时间早晚而已。

北宋，自是无须赘言，依据盟约，它出兵攻击契丹了，但是最后的结果竟然是暴露了自己兵残将弱的实际情况，最后在金灭了契丹之后，很快就南下把北宋王庭洗劫一空。

看起来，似乎金才是这个盟约最大的受益人。北宋在南线牵制了北辽政权的军事力量，使之能够很快地攻下中京，进而南下攻入南京，而且还看清了貌似强大的北宋的真实实力，才敢于南下灭北宋。但从长远来看，金在如此快的时间内一举灭掉当时中国版图上的两大帝国，对于金并不是一件好事。女真族刚刚迈入文明社会，就摧枯拉朽般地把所有比自己发达的政权推翻了，拥有了两个帝国的广阔疆域和巨大的社会财富；但金王朝在自己并不具备统治辽阔领土的能力之前，先把可以学习和借鉴的榜样摧毁掉了。就像一个婴儿，还没长大，就给他一桌满汉全席，他吃不下，也消化不了。所以整个金朝，都在不断地摸索怎么消化这些庞大的"遗产"，还没来得及研究明白，蒙古大军的铁蹄就已经踏进国都了。

帝国余绪——纵横中亚的喀喇契丹

与远走高飞的前辈不同，西行的契丹人一步一回头，恋恋不舍地离开了草原。为了杀回故土，他们在最靠近家乡的地方停了下来。然而这个威名赫赫，控扼中亚，东起土拉河上游，西至咸海，北越巴尔喀什湖，南抵阿姆河的"幅员数万里"的伟大帝国——西辽帝国，在中原的史册上居然没有留下多少文字。书史者对她的冷漠，似乎意味着她是一个无关轻重的存在。

西域——黄沙满天掩白骨的神秘之地，究竟掩藏了多少东方人眼中的西辽帝国、西方人赞叹的喀喇契丹的兴衰史迹呢？

第十二章
被自己人逼出的绝域远征——西走的大石林牙

耶律大石，一个充满矛盾的家伙，他曾经鼓动皇亲耶律淳自立却不受正统皇帝的处罚；他曾经带着金国大军掏了自家皇帝的老巢却被受害者当成救星热烈欢迎。最后，带着恢复故国的宏愿，他最后一次背叛了皇帝，开始了孤独的远征。

君臣反目：二百契丹勇士的最后远征

雄霸中国北疆200余年的契丹帝国，被新兴的女真打击得摇摇欲坠，举国上下到处流传着"女真满万不可敌"的传言。

就在契丹帝国生死攸关的时候，一位契丹贵族将领在历史舞台上闪亮登场了，他就是耶律大石。耶律大石，字重德，是太祖皇帝的第八代孙。从小受到皇室贵族教育的他，骑烈马，拉硬弓，善骑射，可谓天潢贵胄，同时精通契丹文和汉文，文武全才，是契丹帝国的最后一颗名将之星。

天庆五年（1115），也就是完颜阿骨打率领女真人反辽的第二年，耶律大石考中进士。他首先被任命为翰林应奉，不久又被提拔为翰林承旨，承担起为皇帝起草诏书的重任。在契丹语中，翰林被称作"林牙"，因此这位才具不凡的青年贵族常被称为"大石林牙"。

耶律大石踏上仕途之时，正是辽国开始覆没的时候：1116 年，金军占领东京，耶律大石出任泰州刺史，后又调任祥州刺史；1120年，失上京，中京危机，北宋也想乘机占领燕云十六州，耶律大石调任辽兴军节度使，守卫南京道。1122 年，金军大举进攻，取中京，下泽州。天祚帝从南京撤退，受到金军的掩袭，仓皇逃奔，"乘轻骑入夹山"，与外界消息隔绝。

当天祚帝出走南京时，宰相张琳、李处温与秦晋国王耶律淳奉命留守南京。至是，数日命令不至。耶律大石、李处温便与南京都统萧干等拥立耶律淳为帝，据有燕、云、平及上京、中京、辽西六路，史称这一短命政权为"北辽"。1122 年，耶律大石打败了南线宋军的两次进攻，但是北线的金军又逼近长城。这时耶律淳已忧惧而死，其妻萧德妃称制，料定难以抵挡金军，便逃离南京，同耶律大石去投奔天祚帝。

虽然没有保住萧德妃的性命，但耶律大石还是说服天祚帝赦免了参与拥立耶律淳为帝的其他人员，天祚帝赐予酒食，并任耶律大石为都统。1123 年，耶律大石率军袭击金朝军队，战败被俘。

次年，耶律大石逃归，并带回一支军队。耶律大石被俘之后的经历，以及他是如何逃出金人魔爪的，在《辽史》中并没有详细的记载。翻阅《金史》，我们才找到了事情的真相。被俘初期，耶律大石受尽了蹂躏，这些对于他来说还不是最残忍的事情。不久，金人又逼迫他作为向导，带路去袭击夹山泥濠中天祚帝的行营。我们无法得知耶律大石的心里经过了怎样的煎熬。但他最终无奈地选择了合作，对于他来说这是一次忍辱负重的蛰伏。

由于耶律大石带路，隐匿在夹山之中的帝国行帐很快就被金兵找到，天祚帝之子秦王、许王、后妃公主等及辎重车万余辆皆为女真俘获，只有梁王逃脱。这时天祚帝正好在应州一带"游猎"，从而幸免于难。天祚帝听闻这个消息，曾邀击金军于白水泺，试图雪耻。结果再次被击溃，不仅另外一个儿子赵王被俘，还在狼狈逃窜中把玉玺给弄丢了。

几百年后，这块玉玺被一个牧羊人发现，送给了蒙古大汗。在清帝国击败蒙古的最后一个汗王林丹汗的时候，这块玉玺又被献给清帝。兜兜转转几百年，这传国玉玺还是落在了女真人的手里。

这次袭破天祚行营，使耶律大石彻底得到了金人的信任，就像之前叛辽的耶律余睹一样，不仅得到了金朝的高官厚禄，还被命以统兵，随金人继续讨伐天祚皇帝。金人忘记了，耶律大石并不同于耶律余睹，他虽然给金人做向导，但内心还是倾向于契丹帝国的。因此，在金人西征途中，一日，耶律大石带着七千骑兵，逃回了天祚帝帐下。

天祚帝应该并不知道前次的偷袭是耶律大石带路，不然以他那种睚眦必报的性情，肯定不会接纳这支军队的。

天祚帝兴奋地留下了耶律大石和他带来的队伍，不久又得到阴山室韦谟葛失的支持。阴山室韦谟葛失部是一支神秘的部落，有人猜测，他们也许是蒙古部落的祖先。在得到两支生力军后，天祚帝自谓天助，又谋出兵，收复燕云。

得知天祚帝的想法之后，与金人有着多年作战经验的耶律大石，明白这一计划无疑是自取死路。目前，契丹需要的是休养生息，积蓄力量，此时出击，无异于以卵击石。

于是他毫不客气地否定了皇帝的想法："过去金军刚刚攻陷长春、辽阳的时候，陛下不去广平淀迎战，而是前往中京；金军攻打上京，陛下却南下燕京；等到中京也被攻破，陛下又到了西京；后来又逃到夹山这里。过去军队尚完好，陛下却不思备战，避战而行，如今金人已占了帝国大半疆土，国势已到这种地步，却突然想到主动出击。陛下你认为以现在的情况，不是以卵击石吗？"

这段话言语犀利，咄咄逼人。

刚愎自用的天祚帝听后，勃然大怒，二人不欢而散。

天祚帝这时根本听不进任何人的劝阻，坚持出兵。耶律大石知其不可能成就大业，于是杀掉了天祚帝派来监视自己的萧乙薛和坡里括，率 200 铁骑连夜离开天祚帝大营。

他走后，天祚帝出兵，先取得了一些小胜利，但很快被金军打败，1125 年春，在逃亡党项的途中被金军俘虏，契丹帝国最终灭亡，距耶律大石出走只有半年。

作为一名臣子，耶律大石的确背叛了他的君主，但是对于他的部属族人而言，他超越了狭义的忠诚，成为契丹民族的指引者，带着契丹帝国最后的勇士们开始向西远征。

耶律大石率兵向西进发，第一站就是可敦城（可敦，契丹语"皇后"之意）。可敦城曾是契丹帝国在西北的一个军事重镇。帝国从太祖时期开始就对西北地区较为重视，太祖还亲自带兵征讨、开边。圣宗时，诏皇太妃（萧绰太后之姐）领西北路乌古等部兵及永兴宫分军，抚定西边。统和二十二年（1004）根据皇太妃的奏请，以可敦城为镇州，设建安军节度使司，选诸部族军 2 万余骑屯驻，并规定"凡有征讨，不得抽移"，成为西北边防重镇，西北路招讨司常驻于此。辽末，金军南下西进，全国震荡，但西北仍然安定，军力亦未受损失，且有御马数十万匹。

耶律大石一行西进，到达可敦城，召集在此的七州长官和十八部首领开会。耶律大石说：

> 我祖宗艰难创业，历世九主，历年二百，金以臣属，逼我国家，残我黎庶，屠剪我州邑，使我天祚皇帝蒙尘于外，日夜痛心疾首。我今仗义而西，欲借力诸蕃，剪我仇敌，复我疆宇。惟尔众亦有轸我国家，忧我社稷，思共救君父，济生民于难者乎？

这一篇极好的演说词，全文只有 92 个字，先述辽朝历史，次讲目前形势，然后说明自己西来可敦城的目的，最后发出号召，可谓言简意赅，激烈慷慨，伤国忧民、以天下为己任之情洋溢纸上，800年后的今天读之犹受其感染，可想当日听众感动之状。

史载，"遂得精兵万余，置官吏，立排甲，具器仗"，"松漠以北旧马，皆为大石林牙所有"，国家规模初具。

根据耶律大石的初期活动，结合这篇演说，我们可以看出，他继承和发扬了中国古代"民为贵，社稷次之，君为轻"的优秀政治思想，把"国家"和"黎庶"提到应有的重要地位，比之当时北宋的一些政治家更为进步，在世界上也不逊色，难怪他后来一到中亚就受到当地人民的支持，并未因宗教关系而遭到反对。要知道，宗教信仰问题历来都是中亚地区一个严肃且严重的问题，西辽以一个崇佛国家的身份，来到中亚却没有遭到宗教排斥，这在中亚史上是极为罕见的。

耶律大石在可敦城建立政权后，贯彻"养兵待时而动"的方针，没有主动出击金朝。这里的地理环境对他们也是有利的："沙子里，在沙院西北，去金国四千里，广有羊马，人藉此为生，五谷惟有糜子、荞麦，一岁一收。地极寒，而草茂，冬月不凋，虽枯不梗，马可卧、人亦可卧，柔如毡毯。南接天德、云内；北连党项国南关口，到此数程无水。旧契丹有使命往还，用皮球乘水，驼负之。"

耶律大石进入这一地区后的活动情况，史书缺乏记载，我们只能根据金朝和宋朝收集并记录下来的一些情报加以复原。金军西南、西北两路权都统斡鲁很快就得到关于耶律大石的情报，他在这年十月向朝廷报告说："辽详稳挞不野来奔，言耶律大石自称王，置南北官属，有战马万匹"，"畜产甚众"。金太宗批复"攻讨大石，须俟下报"。也就是说，金朝对耶律大石也采取了慎重态度，说明耶律大石在可敦城已立住脚，并拥有相当的兵力。何况出兵可敦城、越过沙漠也并非一件易事，特别是大部队行动。

1125 年夏，金西南、西北两路权都统完颜希尹向金廷报告："闻夏人约大石取山西诸郡。"太宗答复："大石（与夏）合谋，不可不察，其严备之。"由此可见，当时耶律大石正积极展开外交活动，争取邻国，这是情理之中的做法，但是说他要出兵山西，恐怕是边将夸张，耸听朝廷，为自己军入夏境抢掠进行开脱。所以太宗并不叫他们进讨，只是严加戒备而已。同年末，宋朝的边将也得到关于耶律大石的情报，官员向宋廷献言："夏国之北，有大辽天祚子梁王与林牙萧太师，统兵十万，出榜称：'金人不道，与南朝奸臣结约，毁我宗社。今闻南朝天子悔过逊位，嗣君圣明，如能合击金人，立我宗社，则前日败盟之事，当不论也。'"这个情报，除去阿谀之词不管，单就内容讲也很不准确，清代学者厉鹗在《辽史拾遗》一书中早已对梁王称帝与大石无关做出了令人信服的论证；且大石亦不姓萧。但是这个情报却反映了耶律大石的势力已很强大，引起了宋朝的注意，并派出人持书联系。

耶律大石去可敦城途中曾得辖嘎人的资助，当时为了逃避天祚帝的追兵，耶律大石带领部众向北昼夜兼行三日，越过苍莽的大青山，渡过奔流的黑水河（今茂名安旗百灵庙北七十里爱必哈河），来到了鞑靼人的聚居地。在那里，耶律大石得到了当地详稳（契丹官称）的热情资助，这从一个侧面也反映了此时契丹虽然在女真的打击下日渐衰微，但是在西北诸族中仍然拥有崇高的号召力。

从那以后，耶律大石与鞑靼人之间一直保持着友好关系。1127年，鞑靼人因与耶律大石通好，拒绝卖马给金朝。金朝遣使问罪，双方关系紧张，看来耶律大石政权在外交上争取邻国、孤立金朝的活动是成功的：西夏、鞑靼都已倾向于他，并同金朝发生了矛盾。

这年，金太宗下诏伐宋。河北诸将欲罢山西兵，并力南伐。粘罕以为不可，说："耶律大石在西北，交通西夏。吾舍陕西而会师河北，彼必谓我有急难。河北不足虞，宜先事陕西。"看来，这时耶律大石政权的势力已获得很大的发展，这也从宋朝使臣赵子砥的《燕云录》中反映出来：1128年年初，他在金国"盛闻（大石）结集兵马及数十万，待时兴举"。

1129年，南宋川陕宣抚处置使张浚向朝廷报告，耶律大石派人持国书来南宋，为西夏截留，但原送信的汉人走过泾源，到达曲端处。同年，金泰州都统婆卢火向朝廷报告："大石已得北部二营，恐后难制，且近群牧，宜列屯戍。"这是很重要的一个情报，它告诉人们耶律大石政权聚集力量的时期已经结束，开始向外发展，取金朝的北部二营只是一次试探性的进攻。起初金朝认为"以二营之故发兵，诸部必扰，当谨斥候而已"，但是很快就认识到问题的严重性，并于次年（1130）派耶律余覩、石家奴、拔离速进讨耶律大石，征兵诸部族，但诸部族不从。石家奴至兀纳水而还。金朝的这次征伐，虽然没有同耶律大石的军队正式接触，但是它却向耶律大石政权发出警告：金朝已由过去的"绥靖"政策转为"征讨"了。

确如金朝所料，耶律大石政权经过五年生聚，军事实力已经相当强大，决定向外发展。在正式行动之前，耶律大石和他的臣下对四周国家做了周密的调查研究，并进行过军事试验。光复旧疆，重建契丹帝国，固然是他和他的臣下最为向往的，也是神圣的事业，但严酷的事实告诫他们此路不通：新兴的大金帝国在政治、经济和军事上都处于上升时期，其实力大大超过他们，金军的进攻虽然半途而返，但不等于他们失败，更不等于他们无防御能力。但是，当时中亚的情况完全相反，高昌回鹘王朝、哈喇汗王朝经过几个世纪的发展，已进入衰落时期。耶律大石政权决定先向西发展，扩大领域，建立更为雄厚的物质基础，然后再来征服金朝，"复我疆宇"。

定都八剌沙衮：威震中亚的菊儿汗

从隋唐时期开始，突厥民族对新疆乃至中亚的历史进程产生了重要影响。突厥是公元6—8世纪活跃于中国西北和北方草原的古代游牧民族。公元552年，突厥首领土门打败柔然，以漠北为中心建立政权，尔后分裂为东西两部，为争夺汗权斗争不休。8世纪中叶，东、西突厥汗国相继灭亡，其后裔融入了其他民族之中。

公元840年，大批回鹘人进入新疆。回鹘，原称回纥，是铁勒（中国古族名）诸部之一，最初活动于色楞格河和鄂尔浑河流域，后迁居土拉河北。公元744年，发展壮大了的回鹘于漠北建立政权，并两次出兵帮助唐朝中央政权平息藩镇叛乱。公元840年，回鹘汗国因受自然灾害侵袭、统治集团内讧及黠戛斯（中国古族名）的进攻等原因而崩溃，其部众大多向西迁徙。其中一支迁往今吉木萨尔和吐鲁番地区，后建立高昌回鹘王国；另外一支迁往中亚草原，分布在中亚至喀什一带，与葛逻禄、样磨等民族一起建立了哈喇汗王朝。在耶律大石到达这里之前，塔里木盆地周围地区受高昌回鹘王国和哈喇汗王朝统治，当地的居民和西迁后的回鹘互相融合，为后来维吾尔族的形成奠定了基础。

耶律大石西进，首先要经过新疆，从当时的情况看，他并不打算长期占据这个地方，只是想把这里当作一个自己来往于中西之间的重要通道而已。

于是他先给高昌回鹘可汗毕勒哥写了信，阐明是借道去大食。毕勒哥可汗亲自迎接耶律大石到其宫中大宴三日，送羊3万只、骆驼100匹、马600匹，并同意归附。耶律大石的西征部队离开回鹘汗国后的活动，中原的著录极少，但在一些中亚人的零散记录中，还可以得到一些信息。"他们抵达吉利吉思国，向该地区的部落发动进攻，后者也反过来袭扰契丹人。他们从那里征兵，直到他们来到叶密立，在这里，他们建筑了一座其基址至今尚存的城市。这儿有很多突厥人和部落大量集合在菊儿汗身边，以致他们达到四万户。"（《世界征服者史》）"据叙述，当女真国王进攻哈剌契丹国王并灭亡他的时候，哈剌契丹有一位有势力的艾米尔，名叫图西大夫，从那里（契丹）逃出来，进入吉尔吉斯、维吾尔地区和突厥斯坦。他是一位聪明而又很有才能的人。他用适当的方式从这些地区为自己募集了一支军队，并统治了整个突厥斯坦。（因此）他号称菊儿汗，即伟大的国王。这一事件发生在伊斯兰历五二二至五二三年（1128—1129）的月份中。"（《史集》，苏联科学院俄译本，第1卷第2册，第78—79页）"在五二二年（1128），独眼菊儿汗带着大量（军队），只有真主才知道多少，到达喀什噶尔的边界，喀什噶尔统治者，即伊尔汗阿赫马德·伊本·哈桑，武装起来反对他。他集合自己的军队，向他进发。他们相遇就发生了战斗，独眼菊儿汗被击溃，他的许多拥护者被杀死。"（《全史》）

　　上引伊斯兰史料，尽管在年代上有差误，但却是我们推断耶律大石在中亚活动的重要依据。根据这些史料，耶律大石的军队离开别失八里后，首先进入吉尔吉斯境内，受到他们的抵抗，但似乎并没有发生重大的战争，这可能与耶律大石的基本战略思想有关：保存实力，待机而动。他率领部队西进，进兵哈喇汗国，轻易打败了哈喇汗国的零星抵抗，在额敏河流域筑起叶密立城（今新疆维吾尔自治区额敏县）作为根据地，招抚当地各部族，户数达到四万。疆域空前扩大，东起土拉河，西到额敏河，连成一片。

　　公元1132年2月5日，为了维系人心，继续契丹的帝系，在文武百官的拥戴下，耶律大石在新修的叶密立城正式称帝。又按突厥部族习惯，号称菊儿汗，意为"大汗"或"汗中之汗"（《中国伊斯兰百科全书》)。群臣又上汉语尊号"天志皇帝",建元延庆。追祖父为嗣元皇帝,祖母为宣义皇后,册元妃萧氏为昭德皇后。契丹帝国终于在遥远的西陲再次复兴。

1134年年初,耶律大石应东部哈喇汗王朝汗伊卜拉欣之请,西进七河流域东部哈喇汗国的都城八剌沙衮,以助其抵御葛逻禄和康里的侵扰。可是对东部哈喇汗王朝来说,这无疑是引狼入室之举,当外敌被击退后,耶律大石将伊卜拉欣降封为伊利克-伊·土库曼(土库曼王),只把喀什噶尔与和阗一带留给东部哈喇汗王朝,并使之成为自己的附庸国,而将其首都八剌沙衮地区攫为己有。

八剌沙衮位于楚河谷地,左山右川,平地广袤,气候适宜,土地肥沃,水源充沛,农桑发达,瓜果繁多,盛产葡萄美酒。耶律大石得此"善地",即定都于此,并改地名为虎思斡耳朵(契丹语:强有力的宫帐),又逐渐向周围的城邑派遣了管民官。又改延庆三年为康国元年(1134)。从此,西辽一直定都在虎思斡耳朵。

西辽的统治巩固后,连年对外作战,扩展了它的领域。

耶律大石在八剌沙衮定都之后,经过几年的休养生息,终于在这片土地上站稳了脚跟。这时,十年前故土沦丧的景象再度出现在耶律大石的眼前,日日夜夜地提醒着他,东征复国的梦想尚未实现。

为了实现"中兴",实现恢复契丹帝国宏伟大业的夙愿,耶律大石以六院司大王萧斡里剌为兵马都元帅,率领七万骑兵东征。出征前,大石誓师说:"我率领你们远至朔漠,是期望恢复大业。"西辽兵东至喀什喀尔，这里原有契丹帝国的汉军和契丹兵驻扎，西辽军至，即相率归服。西辽军进而征服了和阗。但在继续进军时，可能由于沙漠的阻隔，东行万余里无所得，牛马多死，难以前进，敌人尚未看到，大军却已经疲惫不堪。思虑了许久，在不得已之下，主帅萧斡里剌只得向战士们宣布班师回朝。

耶律大石筹备十年的复国之梦就这样破灭了。在宫帐中等待捷报的他听到大军行程万里，一无所获，只得叹云："皇天弗顺，数也。"

摧毁塞尔柱帝国：耶律大石的巅峰绝唱

东征的失利，迫使耶律大石暂时放弃了收复旧土的念头，但他无疑是一位合格的统治者，不仅仅因其坚毅的性格，他还有灵活的手腕及宽仁的心，他更懂得何时应进取，同样他也懂得如何休养生息。

在定都八剌沙衮的这段时间里，他的统治极有效率，在西辽的土地上，没有了沉重的赋税，消失了劫掠的匪徒，数年间，百业兴旺，牲畜肥壮，无论是往来的商旅还是耕种的庶民，此时都传颂着耶律大石的美名。到处都是蒸蒸日上的景象。这一次，大石决定西进，去开拓契丹人新的疆土，即使不能回到东方，也要在这里将契丹人的威名传遍四方，将契丹人的统治扩大到中亚。这时，塞尔柱王朝成了耶律大石最大的障碍。

1137 年，西辽军队开始了第二阶段的向外扩展。它首先进入费尔干纳谷地，在这里大概没有遇上什么抵抗，遂继续向西推进，到达忽毡。在这里遇上了西部哈喇汗王朝大汗马赫穆德·伊本·穆罕默德的抵抗。据伊本·阿西尔记载，伊斯兰历五三一年（1137 年 5—6 月）两军交战，西部哈喇汗王朝军队被击溃，大汗马赫穆德逃回撒马尔罕。"严重地震惊了它的居民，恐慌和沮丧加重，单等着早上或晚上灾难（的降临）。其他城的居民也是这样。"然而西辽军却没有乘胜前进，而是停下来巩固他们新占领的阵地，等待更好的战机。

当时的西部哈喇汗王朝是塞尔柱王朝的附庸，公元 1130 年，塞尔柱王朝苏丹桑贾尔再度占领撒马尔罕，加深了西部哈喇汗王朝的从属地位。公元 1138 年，桑贾尔又同另一个附庸花剌子模沙赫阿此兹发生武装冲突。先是桑贾尔进兵花剌子模，把沙赫阿此兹打败；但桑贾尔撤军后，阿此兹的势力迅速恢复，并于伊斯兰历五三四年（1139—1140）攻占布哈拉，俘虏并处死了该城总督。

公元 1141 年在河中地区又爆发了西部哈喇汗王朝与作为王朝军事力量的主要组成部分的葛逻禄人之间的经常性冲突。西部哈喇汗王朝大汗马赫穆德向塞尔柱苏丹桑贾尔求援。在此之前，马赫穆德汗被西辽打败逃回撒马尔罕后，已经向苏丹桑贾尔派出使臣求援，告诉他穆斯林遇上的灾难，鼓动他保卫穆斯林。而周边其他国家的国王们也都带兵加入了苏丹桑贾尔的部队。桑贾尔集中了十万多骑兵，光军事检阅就用了六个月的时间。他率领大军于公元

1141年7月渡过阿姆河，开进河中地区。当他听到马赫穆德汗关于葛逻禄人的诉说后，便向葛逻禄发起进攻。

葛逻禄人也派人向菊儿汗耶律大石求援。耶律大石给驻扎在撒马尔罕的塞尔柱苏丹桑贾尔写信，为葛逻禄人说情，请他原谅他们。然而桑贾尔不但没有接受说情，反而写信叫耶律大石接受伊斯兰教，否则就要用武力解决。据伊本·阿西尔记载，桑贾尔这样陶醉于自己军队的实力：他在描述他的军队能用各种武器战斗之后说，"须知他们能用自己的箭截断须发"。这样高傲的态度，连宰相都认为过于自大。但苏丹桑贾尔不听劝告，还是把信送了出去。当耶律大石听使臣读完信后，下令拔下他一缕胡须，给他一支针，让他截断自己的一根胡须，使臣自然没有完成。于是耶律大石说："如果你不能用针截断胡须，那么什么人能用箭截断胡须呢？"

桑贾尔北渡阿姆河。耶律大石则带领契丹人、突厥（包括葛逻禄）人和汉人组成的西辽部队，进军撒马尔罕。1141年9月9日，两军在撒马尔罕北面的卡特万草原相遇，相距二里许。

卡特万一战是西辽定国之最关键一战。这场战斗虽然史料记载甚少，但战斗过程绝对精彩，是一个以少胜多的经典战例。

战争的过程大致是这样的：战斗爆发前，桑贾尔将自己的部队分为左右中三路，自己亲自率领中军，其卫队及后勤辎重压后，西吉斯坦国王指挥左翼，右翼由桑贾尔的宰相指挥。面对强敌，耶律大石仔细观察了对手的布阵情况后，也将自己的部队分为三路，两翼各有2500名西辽精兵。

　　战场地形是一个依山的草原，西辽军队的背后是山脉，有一道长长的峡谷。耶律大石充分利用了这道峡谷，将自己的中军布置在峡谷的前方。战斗开始后，双方的中军出现僵持。桑贾尔的左翼西吉斯坦国王指挥的部队插入西辽军队中军与侧翼之间。耶律大石的中军和自己的左翼被迫向左移动，这样西辽军队的阵营就出现了一个缺口。

　　桑贾尔的部队对准缺口猛攻，似乎突破了西辽人的阵营。但这个胜利是短暂的，因为被分割开的西辽军队右翼 2500 名骑兵已经迂回到桑贾尔空虚的左翼，西辽左翼的骑兵则迂回到桑贾尔的后方去攻击其后卫，而耶律大石带领的西辽主力被挤压向左回旋时，恰好攻击了桑贾尔阵营的右翼。这样战场上就出现了西辽正面洞开，而桑贾尔三面受敌的格局。

　　桑贾尔的部队在战斗中受到压迫，只能向前继续挺进。前方正是耶律大石看中的那条峡谷。在桑贾尔的部队被挤压进峡谷时，这时候没有资料记载有没有部队在峡谷的尽头堵住了他们，也没有提及耶律大石是如何消灭被挤压进峡谷的对手的。总之，最后桑贾尔的部队有数万人在这条小峡谷内被杀，西吉斯坦国王、桑贾尔的宰相和妻子被俘。桑贾尔带着残兵侥幸夺路而逃。

　　此战后，桑贾尔一蹶不振，几年后被叛军囚禁，曾经纵横中亚的塞尔柱帝国就此消亡。耶律大石成功地征服了西哈喇汗王朝，达到了他事业的顶峰。

　　卡特万会战，在中亚史上是一次著名的战役。伟大的穆斯林史

223

学家伊本·阿西尔说："在伊斯兰教中没有比这更大的会战，在呼罗珊也没有比这更多的死亡。"可见其在西方的影响。当时在中东，正是十字军东征时期，卡特万战役后，在中东盛传东方一位信奉基督的约翰王打败了哈里发。这位传说中的约翰王，目前西方史学者都认为应当是指喀喇契丹人中的菊儿汗，也就是西辽的耶律大石。

耶律大石乘胜接着出兵塞尔柱王朝的另一个附庸国花刺子模。西辽军队在那里屠杀人民，洗劫村落，迫使花刺子模沙赫阿此兹派出使臣，表示愿效忠菊儿汗并交纳年贡三万金狄纳尔及其他贡品（《世界征服者史》）。按照这些条件缔结和约后，西辽军队撤军。这大概就是《辽史》记载的"回回国王来降，贡方物"。

不过，征服花刺子模已经是耶律大石最后的绝唱了。1143年，西辽康国十年，戎马一生的耶律大石终于走到了人生的尽头，在八剌沙衮的宫帐中去世，终年56岁。

第十三章
宗教包容，多神共存——西辽立国的精神武器

中亚是多民族共存、多种宗教共存的特殊区域。为了生存，为了民族和解，西辽的统治者们既要到佛堂朝拜，也会用穆斯林的方式致信部属。五十余年后，一个外来的景教徒，为了上帝的尊严，疯狂地改变了宗教共存政策。也许他会为殉教感到光荣，可契丹勇士们只记住了一点：他——屈出律，毁掉了契丹人最后的乐土。

盛也承天，败也承天：重新回到政治舞台的女人们

一代英主耶律大石逝世后，他的儿子耶律夷列年幼。依据帝国的传统，大石"遗命皇后权国"，由耶律大石的妻子萧塔不烟摄政。这位太后不仅"称制"，而且改元"咸清"，号称"感天皇后"。与契丹帝国时期的众多皇后一样，她本人也有相当强的统治能力，统治期间社会安定，经济继续发展。

就在这位太后执政期间，回鹘派出的使者到了金朝，献上贡品之后，顺便报告说让金朝又恨又怕的耶律大石已经死了，留下的又

是一个孤儿寡母的时局。金朝马上封了粘割韩奴作武义将军，并命令他出使西辽。1146 年，粘割韩奴一路风尘，经由高昌回鹘王国到达西辽直辖领地时，正值感天太后萧塔不烟到野外狩猎，粘割韩奴对感天太后十分无礼，结果被杀死，足见这位太后的勇气。

感天太后"权国"七年后，于 1150 年把政权交给儿子耶律夷列。夷列即位后，改元"绍兴"。绍兴元年（1151），西辽进行了人口普查，"籍民十八岁以上，得户八万四千五百户"，这个数字充分表明了西辽的强盛。

在他统治期间，西辽还令东部哈喇汗王朝出兵支援西部哈喇汗王朝平定葛逻禄首领的叛乱。耶律夷列在位十三年，于 1163 年去世，庙号仁宗，他的儿子也都年幼，"遗诏以妹普速完权国"。耶律普速完也"称制，改元崇福，号承天太后"。

西辽王朝发现随身携带武器的葛逻禄人始终是河中地区不安定的因素，决定给予彻底解决。1164 年，菊儿汗耶律普速完命令西部哈喇汗王朝把布哈拉和撒马尔罕两地区的葛逻禄人迁往东部哈喇汗王朝领地喀什噶尔，并要求其到那里后不准再携带武器，且必须从事农业或其他劳动。西部哈喇汗王朝执行命令，逼迫葛逻禄人迁徙，结果引起暴动，但很快被残酷地镇压下去。从此，葛逻禄人在河中地区的势力日衰。

西辽与西部哈喇汗王朝联合讨伐花剌子模。花剌子模战败，不久沙伊勒－阿尔斯兰死去，幼子苏丹沙继位，其兄特克什投奔西辽。特克什向西辽王朝保证每年进贡，菊儿汗耶律普速完命驸马萧朵鲁不率大军护特克什回国，苏丹沙及其母图尔罕逃走。特克什于

1172 年登上花剌子模沙的宝座，西辽王朝因此加强了对花剌子模的控制。

但是在耶律普速完统治时期西辽王朝对东北部的控制减弱，1175 年粘拔恩部和康里部有三万户归附了金朝。

西辽帝国的女子们比契丹帝国的皇后们更为彪悍。承天太后也如自己的母亲一样，不但称制，还改年号为"崇福"，共执政 14 年。在她统治西辽期间，基本上贯彻执行耶律大石制定的国策，对外派兵，对内生聚，国力达到了鼎盛。

但是，西辽帝国的内乱也起于这位承天太后。公元 1177 年，承天太后与自己的小叔子朴古只沙里私通。偷情也就算了，还将丈夫由驸马降为东平王，不久又将亲夫害死。驸马的父亲萧斡里剌是西辽的元老，官拜六院司大王，是一位权势人物。知道自己的儿子被害死了，斡里剌不干了，领兵杀入皇宫内殿，将普速完和朴古只沙里射杀，并将仁宗次子耶律直鲁古立为西辽帝国的新国王，改元"天穆"。

耶律直鲁古在叛乱后即位，他对于当时帝国的控制能力实际已经开始减弱，这时西辽的统治集团中，那些辅政有功的大臣们开始奢侈腐化，对外连年用兵，对内加重剥削，帝国走向衰败。

好渔翁花剌子模：西辽与古尔王朝之争

在卡特万会战之后，塞尔柱王朝不仅完全退出河中地区，在呼罗珊地区也日趋衰落，代之而起的是阿富汗古尔王朝。

古尔王朝在 12 世纪末已是阿姆河以南的大国，它于 1197 年占领了巴里黑（今阿富汗北部的巴尔赫）。巴里黑城的统治者原来每年向西辽帝国送缴土地税，古尔王朝占领这里后，停止向西辽王朝缴纳贡赋。古尔王朝还与花剌子模发生冲突，花剌子模沙特克什遂向西辽王朝求援。使臣对耶律直鲁古说，西辽王朝应该出兵报复，不然古尔王朝将像夺取巴里黑一样夺取花剌子模，然后进攻西辽。

西辽派塔阳古为统帅带领大军出征，1198 年春渡过阿姆河，进入呼罗珊地区，同时花剌子模沙特克什也率军到达图斯。西辽军队进入古尔王朝境内后，占领了许多地方，到处抢掠、杀戮。西辽军队还向古尔王朝的巴里黑城长官发出最后通牒：或是放弃巴里黑城，或是送缴像从前一样的贡赋。巴里黑城的新长官拒绝了西辽的要求，并联合呼罗珊的一些城堡袭击西辽军队。结果西辽军队溃败，被追逐至阿姆河，许多士兵被赶进河中淹死，共损失一万二千人。

西辽军队惨败的消息传到八剌沙衮，耶律直鲁古大为震惊，派出使臣向花剌子模沙索取损失赔偿，遭到了特克什的拒绝。菊儿汗于是派兵讨伐花剌子模，竟又失败而还；花剌子模军追至布哈拉，并攻下该城。

1203 年古尔王朝与花剌子模又发生战争。此时特克什已死，他的继承人摩诃末沙向西辽派出使臣求救。菊儿汗又派败将塔阳古率领一万军队救援，这时西部哈喇汗王朝苏丹奥斯曼也率军参加。

古尔王朝苏丹听到消息后仓皇撤兵，在安都淮沙漠被西辽军队包围，双方展开激战。古尔军队有5万人死于战场，古尔苏丹逃脱，进入城堡。西辽军队又把城堡团团围困。经奥斯曼说和，古尔苏丹交出赎金，西辽军队才放过了他。西辽军队虽然获得胜利，但是付出了很大的代价，并没有给自己带来实际的好处，相反却为花剌子模沙在呼罗珊的发展扫清了道路。

随着花剌子模国力的增强，摩诃末沙不甘心于自己的附庸地位，便停止了给西辽的年贡。耶律直鲁古派宰相马赫穆德巴依督责贡赋。当时摩诃末沙正准备对钦察发动战争，既怕西辽大兴问罪之师，又不愿以藩属的身份接待使臣，便请母亲图儿罕可敦来处置。图儿罕可敦以尊崇的礼节接待了西辽的使臣，缴纳了所欠的年贡，并派出几名贵族随马赫穆德巴依朝见菊儿汗，表示迟纳年贡的歉意，保证今后恪守藩属的义务。但是，摩诃末沙征钦察胜利返回后，不仅再次停止了对西辽王朝的贡赋，而且开始征服整个河中地区。

1206年，布哈拉爆发了桑贾尔领导的人民起义，摩诃末沙认为这是征服河中地区的大好时机，便率军进入河中地区，攻占布哈拉，镇压了人民起义。摩诃末沙同西部哈喇汗王朝的奥斯曼结成同盟，与西辽对抗，但被西辽打败。摩诃末沙退回花剌子模。奥斯曼转向西辽，并向菊儿汗的女儿求婚，但遭到拒绝，于是又转向花剌子模。

1210年，摩诃末沙再次出兵，进入河中地，受到奥斯曼的热烈欢迎；但他们再不是平权的盟友，而是宗主与附庸的关系。摩诃末沙为动员广大穆斯林支持自己，煽起他们的宗教狂热，宣布对西辽进行"圣战"。他在怛逻斯附近打败西辽军队，并俘虏了其主帅塔阳古。从此摩诃末沙威名大震。

在对付帝国西部的花剌子模国和西部哈喇汗王朝的叛离失败的同时，西辽在各个属国的官员也日趋腐化。东部的高昌回鹘王国于1209 年杀死西辽王朝的监督官，投靠蒙古国，1211 年葛逻禄部首领阿儿斯兰汗也投奔成吉思汗，归顺蒙古汗国。这样，西辽王朝只剩下东部哈喇汗王朝这一个附庸国。后来东部哈喇汗王朝也起兵造反，菊儿汗出兵镇压，并把哈喇汗王朝的穆罕默德俘虏，囚禁于八剌沙衮，才稳定住局势。但是这时西辽王朝的直辖领地，情况也是非常不妙。西辽王朝气数将尽，离灭亡已经不远了。

引狼入室：摧毁帝国的乃蛮王子屈出律

就在西辽帝国慢慢呈现出衰败状态的时候，一个乃蛮部的王子，加速了西辽灭亡的步伐，这个王子叫屈出律。

蒙古兴起后，乃蛮部被成吉思汗打垮，其王子屈出律及大量部民逃脱。他们奔往别失八里，从那里又越过天山到达库车。屈出律带领部下在库车山里东游西荡，既无粮食又乏给养，跟随他的那些人已作鸟兽散。

公元 1208 年的冬天，屈出律投奔了西辽王朝的菊儿汗。屈出律到八刺沙衮后，耶律直鲁古热情地招待了他，并将自己的一个女儿许配给他做妻子。曾有一段时间，屈出律留在八刺沙衮为菊儿汗供职。

当花刺子模的摩诃末沙起兵反对西辽时，东方的属国、属部也起来造反，西辽处境困难。虽然有了安定的生活，但是屈出律常常有寄人篱下的感觉。西辽属国的叛变，让他觉得自己的机会来了。于是他向直鲁古提出请求，同意自己去纠集乃蛮旧部，以强大西辽。耶律直鲁古接受了他的建议，赏赐他许多财宝并封他为可汗，让他去自由地扩充军事势力，直鲁古没有想到的是，自己当初不但引狼入室，现在又在进一步地养虎为患。

屈出律到叶密立和海押立一带招集自己的族人，又同其他部落结成联盟。势力强大之后的他，开始率领这支军队进入西辽直辖领地，大肆杀戮和抢劫，用掠夺去回报自己岳父在最危难时期的收留。

屈出律又向花刺子模派出使臣，约定夹攻菊儿汗，瓜分西辽土地。屈出律出兵击败西辽军队，遂劫掠乌兹干，又进攻八刺沙衮。直鲁古也并不是一个完全无所作为的君主，他率军打败了屈出律的侵扰，并俘虏了敌人的大半士兵。

屈出律兵败北走，重新集结兵力，等待时机再次反叛。

花刺子模和西辽各自退兵。这时的西辽军队纪律败坏，沿途烧杀抢劫，人民惊恐。当他们回到八刺沙衮时，城中居民们听说来的军队一路扰民，还以为是敌人来了，于是紧闭城门，拒绝大军入城。无论西辽的将领们怎样解释，说花剌子模已退兵，仍然无法取得居民们的信任，西辽军队最后用大象把城门攻毁。西辽军队入城后，屠杀三天三夜，有大概近四万七千人被杀。

这时菊儿汗因为应付屈出律以及周边属国的叛乱已经财政困难，国库空空如洗了。西辽宰相马赫穆德巴依害怕菊儿汗征收自己的财产，便建议把士兵抢劫的财物集中收归国库。当将领们听到这一消息后，又害怕又愤慨，于是各自带军队离开菊儿汗，煽动叛乱，这更加深了西辽的困顿。

屈出律得知八剌沙衮发生的情况后，觉得自己的机会来了。他在1211年秋天带兵埋伏在直鲁古狩猎的必经之路上，趁直鲁古外出狩猎的时候突袭了他，直鲁古被俘。屈出律由此攫取了西辽的政权。

《辽史》记载，"乃蛮王屈出律以伏兵八千擒之，而据其位"。屈出律攫取政权后，并没有急于改朝换代，而且表面上对菊儿汗很礼敬，"尊直鲁古为太上皇，皇后为皇太后，朝夕问起居"，实际上是利用他来稳定自己的统治。耶律直鲁古在抑郁悲意中生活了两年，于1213年死去。

就这样，西辽帝国正式被直鲁古好心收留的乃蛮部王子篡夺了。

西辽帝国能够在中亚站住脚，最显著的特点，就是各种宗教都被耶律大石允许在西辽境内存在和发展。佛教在契丹帝国时期已经在社会广泛传播，在西辽时期也如此。佛教在附庸国高昌回鹘王国同样盛行。犹太教在撒马尔罕和花剌子模也很流行。至于当地人民信奉的主要宗教——伊斯兰教，更得到耶律大石的尊重。他以穆斯林方式给下属写信，叫他根据当地伊斯兰宗教首领的意见办事。属国的宗教文化，特别是伊斯兰文化，也得到了尊重。由于西辽王朝执行比较宽容的宗教政策，各种宗教信仰的人都能得到保护，有利于社会的安定，促进了文化的交流和民族的融合。

篡夺了西辽政权的屈出律，原本是一位景教徒，但在娶直鲁古之女为妻后，便听从了妻子的话而改信佛教。为了削平境内的反对势力，巩固自己的统治地位，屈出律对伊斯兰教采取了高压政策。屈出律在每一户居民家中都派了一名士兵去居住，对百姓严加监视，士兵们到处奸淫烧杀，胡作非为。

屈出律在攻占了新疆和阗之后，强迫当地居民放弃伊斯兰教。要求当地居民从下面两种要求中任择其一：要么改信基督教或偶像教（佛教）；要么穿上契丹人的袍子。穆斯林不愿改变宗教信仰，只好被迫改穿契丹人的服装。屈出律在和阗对伊斯兰教实行高压政策之后，穆斯林的礼拜被中断，经文院校被封闭和捣毁。屈出律的种种残暴行径引起了和阗人民的强烈反抗，日夜期盼着有一天能脱离屈出律的统治。终于有一支军队从遥远的东亚赶来，解救了他们。

纵观中亚历史，所有不尊重当地民族信仰的政权都无法成功在这里立足。

公元 1218 年，成吉思汗派遣大将哲别率兵两万攻打屈出律。当时屈出律正与阿力麻里的不扎儿汗相攻，听到蒙古军进攻吓得连忙向西逃跑，哲别击溃西辽军队的阻击，攻占了西辽都城八剌沙衮。原来的西辽官员，以及长期被压迫的民众纷纷起兵相应，在内外打击下，屈出律被迫南逃。

1218 年，屈出律在瓦罕走廊东部的达拉兹山谷被杀，这位鸠占鹊巢的西辽末代皇帝在众叛亲离的情况下结束了耶律大石创建的西辽帝国。

从此中亚历史翻开了一个新篇章——蒙古统治时代。

主要参考文献

［1］杨树森，穆鸿利.辽宋夏金元史［M］.沈阳：辽宁教育出版社，1986.

［2］陈述.契丹政治史稿［M］.北京：人民出版社，1986.

［3］宋德金，景爱，等.辽金西夏史研究［M］.天津：天津古籍出版社，1997.

［4］冯继钦，孟古托力，黄凤岐.契丹族文化史［M］.哈尔滨：黑龙江人民出版社，1994.

［5］黄凤岐.契丹史研究［M］.赤峰：内蒙古科学技术出版社，1999.

［6］项春松.辽代历史与考古［M］.呼和浩特：内蒙古人民出版社，1996.

［7］张国庆，朴忠国.辽代契丹习俗史［M］.沈阳：辽宁民族出版社，1997.

［8］林荣贵.辽朝经营与开发北疆［M］.北京：中国社会科学出版社，1995.

［9］韩世明.辽金生活掠影［M］.沈阳：沈阳出版社，2002.

［10］于宝林.契丹古代史论稿［M］.合肥：黄山书社，1998.

［11］李桂芝.辽金简史［M］.福州：福建人民出版社，2001.

［12］卡尔·A.魏特夫，冯家昇.中国社会史：辽（907—1125）［M］.纽约：麦克米伦出版公司，1949.

［13］路昆德.游牧帝国：500—1500年的中亚史［M］.莱斯特：莱斯特大学出版社，1979.

［14］杨若薇.释辽内四部族［J］.民族研究，1987（2）.

［15］岛田正郎，何天明.辽代的部族制度［J］.蒙古学信息，2001（4）.

［16］王德忠.论辽朝部族组织的历史演变及其社会职能［J］.东北师大学报（哲学社会科学版），2001（6）.

［17］张国庆.论辽代初期的"腹心部"与智囊团［J］.社会科学战线，2002（1）.

［18］王滔韬.辽朝南面宰相制度研究［J］.社会科学辑刊，2002（4）.

［19］岛田正郎，何天明.辽代契丹人的婚姻［J］.蒙古学信息，2004（3）.

［20］贾秀云.略论契丹族女性之参政心态［J］.山西大学学报（哲学社会科学版），2005（2）.

［21］藤原崇人.遼代興宗朝における慶州僧録司設置の背景［J］.仏教史学研究，2003（46）：2.

［22］铃木正弘.《遼史》の卓行伝について［J］.异文化交流，

2002（42）.

　［23］武田和哉.契丹（遼朝）道宗朝の政治史に関する一考察

［J］.立命館大学考古学論集Ⅲ：第二分册，1997.